厉振仪
付　琨　编写

理解与表达

——汉语视听说教程

Comprehension and Expression

—— An Audio-visual Course of Chinese

上海大学出版社
Shanghai University Press Co., Ltd.

图书在版编目（CIP）数据

理解与表达——汉语视听说教程 /
厉振仪 付琨 编写 — 上海：上海大学出版社，
2014.07
ISBN 978-7-5671-1325-1

Ⅰ.①理… Ⅱ.①厉… ②付… Ⅲ.①汉语－听说教学－对外汉语教学－
教材 Ⅳ.①H195.4

中国版本图书馆CIP数据核字（2014）第122386号

责任编辑 傅玉芳
装帧设计 施羲雯
技术编辑 章 斐

理解与表达
——汉语视听说教程

厉振仪 付琨 编写

上海大学出版社出版发行
（上海市上大路99号 邮政编码200444）
（http://shangdapress.com 发行热线021-66135112）
出版人：郭纯生

江苏丹阳德埔印务有限公司印刷 各地新华书店经销
开本787×1092 1/16 印张7.5 字数 150 000
2014年7月第1版 2014年7月第1次印刷
ISBN 978-7-5671-1325-1/H・293 定价：30.00元

目　录

视听说课程教学中的练习设计（代前言）

视听说课程是一门注重提高外国人汉语听力理解能力和汉语口头表达能力的课程。对于外国学生来说，《理解与表达——汉语视听说教程》所选择的优秀中国电影为他们提供了真实的语言环境，他们借助图像、声音，能直观地、真实地和具体地理解影视材料，这有利于发展他们的汉语思维，从中学习到一定语境下的汉语习惯表达方式。这些中国电影展示了中国文化的方方面面，也为外国学生深入理解中国文化特点以及中国人的思维方式、价值观念提供了丰富的材料。

这本教材是经历了在东华大学、上海外国语大学多年教学实践的基础上编写而成的，教材采用了《漂亮妈妈》、《洗澡》、《我的父亲母亲》、《和你在一起》、《图雅的婚事》、《一声叹息》等六部视听同步的电影资料，企望通过80—100课时的教学实践，使外国学生在汉语理解能力和汉语口头表达能力方面有较大的提高。

视听说课在一定意义上是一门技能课，实践性强是它的特点。教材突出了这个特点，并将练习作为达到教学目的的重要手段，把并不是专为汉语教学拍摄的影片转化成了高效的语言学习载体，有针对性地设计了多种训练，帮助学生提高汉语理解能力和汉语表达能力。本教材的练习包括了以下几个方面：

首先是观前提示。在每一课观片前，用提示性的、概括性的句子帮助学生理解影片，使学生在观片中能综合利用他们头脑中原有的相关文化信息最大限度地去理解影片内容。这一阶段是关注意义的阶段。

其次是观后练习。用填空、判断正误等多种练习形式帮助学生理解影片内容，并在此基础上关注语言形式。这是继理解阶段后进行的又一个任务。

语言形式习得是本课程重要目标之一，视听说课程必须同时把握好理解和习得两大目标，否则就成了纯粹的观影课，《理解与表达——汉语视听说教程》极为重视学生学习语言的过程，把真实的交际引进课堂，给了他们运用语言材料的机会和展示习得能力的平台，力求在教学中培养他们的话语交际能力。

为了促使学生在影片丰富的情景下积极学习，教材特别重视口语练习，调动一切可能让学生在课堂上开口说汉语。作为本教材最主要特点，这些练习包含在以下各个教学环节中：

一、分段回顾影片时的口语练习

用分段观看、分段回顾的形式总览全片，有利于回顾讨论、做练习。观看相对完整的一个片段后，全班同学一起回顾所观内容，要求不论多少，每个学生都必须用汉语说出刚才所看过的内容以及自己的理解。若有疑问，尽量依靠同学的能力来解决。相互答疑的协作学习方法，既能使对影片内容理解正确的学生得到鼓励，同时也激励了质疑学生的上进心。更重要的是让所有学生都有了用汉语说的机会。这一阶段，课堂上常常会出现学生紧张地查电子词典、相互讨论、争相发言的情景。

二、全片观后的口语练习

（1）利用提示词语、短语（关键词），做成一段口头表达，如《郑大的校服》、《招娣打水》，类似口头作文。有时采用的是课后准备，次日课上讲述，有时则甚至采用课上即时发表的形式。大部分学生积极性都很高，他们说这么做虽然压力较大，但也刺激了或者说挑战了他们的汉语能力，他们为此而感到兴奋。

（2）词语、短语学习阶段的口语练习：

一是模仿造句。运用影片中的句式，完成所提供的练习，并要求思考此类句式表达上的作用，模仿造句或设计语境用指定的任务练习说话。

二是用词语或短语讲述自己的生活及社会问题。

三是模仿长句，成段表达。通过训练，旨在使学生领会汉语语意连贯的思维特点。例如影片中有句台词是："我在你家床底下铁盆里找到两件棉毛衫，上面……"学生仿造说："我在教室里第一排的课桌上看见一本练习本，里面都是写得很漂亮的汉字……"

（3）每课终结前的口语练习：

讲述与讨论。这是作为学生的平时成绩并计分的重要练习。学生根据指定的题目，讲述情节，发表感想，有最低的时间要求，从不少于3分钟到要求不少于8分钟。为了做好发言，他们在课后的准备时间至少要用上1.5小时至4小时。那么多年来，我差不多每个学期都被一些学生的学习劲头感动，除了学习态度认真外，更重要的是他们在口头表述方面的表现以及出色进步，常常都是我始料不及的。最近这个学期，学生做第二课《洗澡》的口头作业，融合了在其他课型中学到的句型、词语，也融合了前一课所学到词句，发言扣题，表达确切，内容丰富，还反映了他们对社会问题的活跃思考。这说明仅仅才学了一个月，不少人已经懂得如何利用视听说课来提高自己的口语水平了。

做调查报告，也是方法之一。用小组合作的方法，让学生介绍自己民族的文化。例如用PPT介绍本民族洗澡文化、丧葬文化、婚俗，等等，学生非常投入，大多数学生认为从中得益很多，感到非常开心。

为配合培养和提升外国学生的口语能力，每一课中都包括了影片对白和独白的朗读练习，以巩固和深化外国学生的语音语调知识，充分发挥朗读在第二语言习得中的作用。有不少学生根据朗读的内容，很自然地、成功地做出非常有意思的模仿练习。学生的这些成果，将作为附录放在本教材课文内容后，以供分享。

本教程的所有练习都注重学生说的产出能力，这是一个最基本的原则，教材中连词汇和短语表都成了一种听力练习。因为口语是听力的自然延伸和发展，注重于学生说的实践活动，立足于促使学生有效地利用影片中所出现的语言信息用汉语说汉语，逐步完成自己的汉语语感建构，正是视听说课程实用性的体现。语感，是语言能力的核心，学生只能在言语交际活动中获得语感和发展语感，在使用汉语中学会汉语。我们的课程以此目标为宗旨，尽一切可能的方法与手段，收到了比较良好的效果。

需要说明的是，本教材的每一课都不设语法点，没有专讲语法的部分。我们不反对知识性的分析，但认为视听说课的课型特点不适宜正襟危坐地讲语法。现在有太多对外汉语教材忽视自己的课型特点，跟着综合教材去编写，大篇幅地讲语法、做语法练习，视听说教材也不例外，让教的人难教、学的人难学。其实让学生在理解的前提下学会正确运用是更为重要的。例如，影片中江老师说："人家是喜欢上我啦。"怎么理解并运用这个"上"字？我们只要通过影片做个分析，然后举几个例子，学生顿时就理解了。随后他们就做出了这样的句子："这学期上视听说课以后，我不知不觉迷上了中国电影。""原来我觉得中国菜很油腻，但只有三个月我就爱上了上海菜，特别是红烧肉。"这些很自然的句子真实地表达了他们的思想，真是做得好极了！语法等语言知识的讲解是为言语能力培养服务的。第二语言不是教会的，而是练会的。因此我们不能不管什么课型都大讲语法、做语法练习，把教室气氛弄得死气沉沉的。此外通过纠正学生偏误来复习基础语法，也是我们最常用的一种教学手段。学生在口语练习时，每天都会出现大量偏误，教师应随手把它们记录在册，过一段时间再将大量的常见病句归类列出，先让学生单独做修改病句的练习，随后集体修改，一起讨论偏误原因，最后教师总结。通过这样的方法来复习讲解汉语语法，既实在又灵活有效，学生反映很好。

作为教师，在视听说课堂上，尤其需要注重的是应以学生为中心来组织教学。作为课程的指导者、组织者，主要的工作是调动和激发学生的兴趣和求知欲，努力使他们把学习变为一种主动的行为。视听说课程的多种练习就是基于这样的理念而设计的，它们在组织教学进程、启发学生对语言的理解和运用方面起了相当大的作用。教学实践证明，这些练习对减轻学生口头表达的焦虑，并暗示给学生学习方法发挥了作用。多数学生主动学习的兴趣因此得到了调动和激发，积极地投入了课堂活动。例如，在学习《洗澡》这一课时，不同文化背景的学生在讨论大明为什么不把弟弟的情况告诉妻子这个问题上得出了不同的结论，气氛热烈。还有的学生把他自己分析的九对矛盾写在黑板上，介绍给同学。每个学期都有学生告诉我，课后为完成讲述和讨论的作业，反复看影片，花了三四个小时准备发言稿。我亲眼目睹了不少学生在讲台上从开学初读稿子到逐渐用提纲来完成作业、到最终完全脱稿并能相对流利地讲述，备感欣慰。视听说这门课在帮助学生逐渐建立起汉语语感方面确实相当有效。

从事视听说课程教学多年，先是在上海外国语大学国际文化交流学院，退休后，又受聘于东华大学国际文化交流学院，继续实践我的视听说课程理念。因此，这本教材的出版应该是我对这两所大学的一个感谢，感谢他们对我的信任，多年来让我执意按照自己的理念用自己编写的讲义进行教学。尤其要感谢的是东华大学国际文化交流学院对这本教材出版的资助。此外，还要感谢我的外国学生们，你们的学习热情和好评，你们的进步，永远是我工作的最大动力。

厉振仪

（在“第四届中国电影国际年会——全球化时期中国电影在中国语言文化教学中的理论与实践”会议上的发言，2013年12月10日于北京）

第一课
Lesson One

漂亮妈妈
Breaking the Silence

《漂亮妈妈》故事简介

孙丽英的儿子郑大是个聋子，丈夫因此跟她离了婚。为了有多一点时间和儿子在一起，教他说话，希望他跟别的孩子一样，能进普通小学学习，孙丽英辞去了合资企业的工作，靠做钟点工和送报纸挣钱。雇主贾老板企图强奸孙丽英，遭到了她的拼死反抗。善良的方老师关心孙丽英母子，主动教郑大画画。郑大因为耳聋而被别的孩子欺负，回家后他不愿戴助听器，也不想学习了。孙丽英伤心欲绝，郑大对着妈妈大声背诵课文安慰她。孙丽英拥抱着儿子流下了眼泪。

漂亮妈妈

Breaking the Silence

A brief introduction of *Breaking the Silence*

Sun Liying's son is deaf, and her husband divorced with her because of their son's deafness. In order to have more time to spend with her son teaching him to speak, with the hope that someday he can enter a primary school like other kids, Sun quitted her job in a jointed venture and earn their living by doing some odd jobs and delivering newspaper. Her employer Jia attempted to rape her and met her strong resistence. Kind-hearted teacher Fang took care of Sun and her son teaching her son Zheng Da drawing. Zheng Da was often bullied by other kids due to his deafness, he was unwilling to wear the hearing-aid and wanted to give up learning. Seeing his mother so sad about this, Zheng Da recited the text loudly to comfort her. Sun Liying hugged her son with tears flowing down the cheeks.

一、看前提示：带着以下问题观看影片。

Pre-watching Instruction: Watching the movie with the following questions.

1. 郑大为什么不能进普通小学学习？

2. 孙丽英为什么要去送报纸和做钟点工？

3. 方老师是怎样帮助孙丽英和郑大的？

二、在回顾影片内容的基础上完成以下填空。

Fill the blanks with what you learnt in the movie.

1. 孙丽英的儿子郑大是个__________（聋儿/傻子）。她的丈夫为这跟她______________了（吵架离开家/离婚）。

2. 郑大没有考上普通小学，是因为他______________（听不清楚/说话不清楚）。校长建议他去______________________（聋儿康复中心/在家）学习。

3. 孙丽英卖书失败了，因为＿＿＿＿＿＿＿＿（没有工商局的执照/这些书有问题）。

4. 为了＿＿＿＿＿＿＿＿＿＿＿＿（有多一点时间教儿子说话/多赚点钱），孙丽英选择了送报纸和做钟点工的工作。

5. 郑大＿＿＿＿＿＿＿＿（不懂事/跟别的孩子打架）摔坏了助听器。买一个新的助听器需要＿＿＿＿（3000/5000）元。

6. 方老师是个小学的＿＿＿＿＿＿＿（美术老师/领导），他主动帮助孙丽英和郑大，他教郑大＿＿＿＿（滑冰/画画）。

7. 孙丽英深爱她的儿子，她认为，郑大跟别的孩子是＿＿＿＿（不一样/一样）的。她辛苦地工作，拼死反抗了贾老板的侮辱，抢回了贾老板的赔偿费，为儿子买了＿＿＿＿＿＿（校服/助听器）。

8. 经过很多磨难，孙丽英终于勇敢地告诉儿子：因为你是聋的，跟别人________（一样/不一样）。你耳朵听不见，更应该好好上学、好好读书，总有一天，我们会跟别人________（不一样/一样）的。

三、根据提示说一段话。

Give a talk on the following topics with the words given.

1. 郑大上学

聋儿　听力　助听器　不清楚　一个字一个字地学　上学　入学考试　正常小学　聋儿康复中心　打架　摔坏了　校服

2. 单亲妈妈孙丽英

没有听力　离婚　抚养费　一个字一个字地教　正常孩子　正常小学　聋儿康复中心　别人异样的眼光　顾工作顾不了郑大　辞职　送报纸　钟点工　欺负

四、给以下词语或短语标上声调并熟读。

Mark the tone on following words and phrases and practice reading.

1. 聋儿康复中心　long'er kangfu zhongxin

   普通小学　putong xiaoxue

   聋子　longzi

   助听器　zhutingqi

2. 程度不一样　chengdu

3. 抚养费　fuyangfei

4. 异样的眼光　yiyang de yanguang

5. 辞职（活辞了）　cizhi （huo ci le）

   开除　kaichu

   合资企业　hezi qiye

   民营企业　minying qiye

   私人企业　siren qiye

国有企业　guoyou qiye

招聘会　zhaopinhui

钟点工　zhongdiangong

6. 执照　zhizhao

无照经营　wu zhao jingying

工商局的来了　gongshangju

7. 天上不会掉馅饼　tian shang bu hui diao xianbing

8. 一切从头开始　yiqie cong tou kaishi

9. 别愁眉苦脸的　chou mei ku lian

10. 孤儿寡母不容易　gu er gua mu

11. 睡得很沉　chen

12. 很久没有这种感觉了　ganjue

13. 心里面有点障碍　zhang'ai

14. 受了欺负找妈妈撒气　saqi

五、词汇运用：选择词语或短语填空。

Use of words and phrases: Fill the blanks with the given words and phrases.

天上不会掉馅饼　心里面有点障碍　辞职　程度
愁眉苦脸　孤儿寡母　沉

1. 他们班的学生很多，而且汉语__________也很高。

2. 听到弟弟又住进医院的消息，她心里特别难受，同学们安慰她说，别__________的，一切都会过去的。

3. 这个怕苦怕累的女孩又__________了，谁也不知道她什么时候才能找到一个新的工作。

4. 程老师多年来一直关心和照顾邻居家的________________。

5. 这件事情让他明白了一个道理：_________________________，必须努力踏实工作才行。

6. 下午打了两个小时网球，晚上王先生睡得特别________。

7. 他整天不说一句话，一个人默默地走进走出，母亲觉得他______________________，但也不知道该如何帮助他。

六、仿说：想一想，完成句子，并模仿画线部分说话。

Simulation: Complete the following sentences and make a sentence with the underlined part.

例1

孙丽英<u>一个字一个字</u>地教儿子说话。

想一想：例句中的画线部分在表达方面有什么作用？

Think about the function of the underlined part in the example in expression.

完成句子：

Complete the sentences:

（1）一个句子一个句子　学生　文章　修改　老师

（2）一家店一家店　女儿　找药　为了母亲的病

模仿说话：

Simulation:

例 2

难点我不怕，就怕教不好他。

想一想：例句中的画线部分如果改成“我不怕难”，整个句子在表达上有什么不同？

Think about the difference in expression if the underlined part is changed into“我不怕难”.

完成句子：

Complete the sentences:

（1）妈妈　生活苦点　寂寞　不怕　就怕

（2）牛奶价格贵点　质量有问题　她　不怕　就怕

模仿说话：

Simulation:

七、讲述与讨论。
Retelling and Discussion.

选择以下任何一题，有针对性地再次观看影片，准备讲述。
Watch the movie again and retell the story on one of the topics.

1. 单身妈妈孙丽英
2. 郑大上学
3. 好人方老师
4. 请对孙丽英教育培养郑大的方式提出自己的看法

要求:
Requirements:

- 尽可能多地运用影片所提供的语言材料进行讲述。
  Speak with as much language materials provided in the movie as possible.
- 讲述时间不少于4分钟。
  Speak no less than 4 minutes.

八、有感情地朗读影片中的独白和对白。

Read aloud with feelings the following monologues and dialogues.

1. 每天我看别人用异样的眼光看着郑大，我心里很难受。他那么聪明，他和别的孩子没有什么不同。我一定要教会郑大说话，让他去上学、去读书。我辞职了。以后怎么办？助听器啥时能买上？这些，我真不敢想。

2. 生活没那么容易，国家都发生这么大的变化，别说我了。以前我已经习惯大事找单位，家事找男人。现在，我这两样都没了，我只有郑大。就当学说话一样，一切从头开始。

3. **郑大：** 妈妈，妈妈，为什么只有我戴助听器？

   妈妈： 因为你是聋的，你跟别人不一样，知道吗？

   郑大： 妈妈，我怕。

   妈妈： 不怕，妈妈跟你在一起，什么都不要怕。你耳朵听不见，更应该好好上学，好好读书。总有一天，我们会跟别人一样的。你知道吗？妈妈把你打疼了，对不起……对不起……

4. **妈妈：** 郑大，妈妈不进去了，你自己进去，好吗？不怕，妈妈也不能什么事都和你在一起啊！

郑大： 我怕考不上。

妈妈： 考不上不怕。今年考不上明年再考，明年考不上后年再来。不怕，妈妈跟你在一起，什么都不要怕。

九、影片背景介绍。
Background knowledge about the movie.

导演

孙周，男，1954年生，中国著名电影导演。电影风格偏重于从女性的角度看问题。主要作品：电视剧《高山下的花环》、《今夜有暴风雪》，电影《心香》、《漂亮妈妈》、《周渔的火车》等。

主要演员

孙丽英扮演者：巩俐，1965年生，中国著名电影演员，首位登上《时代周刊》（*Time*）（1996）封面的华人明星。2000年被联合国教科文组织（United Nations Educational, Scientific and Cultural Organization）任命为“促进和平艺术家”。2010年被美国有线电视新闻网（Cable News Network）选入“史上25位最伟大的亚洲演员”。主演了许多在国内或国际上可以载入史册的经典影片，如《红高粱》、《菊豆》、《大红灯笼高高挂》、《秋菊打官司》、《霸王别姬》、

《活着》、《荆轲刺秦王》等。

方老师扮演者：施京明，江苏人民艺术剧院话剧演员，外形和气质比较沉稳，所以扮演正面角色比较多。电视剧代表作有《向前，向前！》、《天若有情》、《国门英雄》等。电影代表作有《赵先生》、《漂亮妈妈》、《假装没感觉》等。

郑大扮演者：高炘，1988年生，天生双耳失聪，10岁时在广州聋人学校聋儿康复中心被《漂亮妈妈》剧组选中。

英文名

Breaking the Silence

上映时间

2000年

获奖情况

※ 2000年，第20届中国电影金鸡奖（Golden Rooster Award）：最佳女主角奖（巩俐）；

※ 2001年，第24届大众电影百花奖（Hundred Flowers Award）：最佳女演员奖（巩俐）、最佳故事片奖；

※ 2001年，第8届中国电影表演艺术学会金凤凰奖（China Film Society Of Performing Art Award）：表

演学会奖（巩俐）；

※ 2001年，第10届上海影评人奖：最佳女演员奖（巩俐）、十佳影片奖；

※ 2000年，第20届美国夏威夷国际电影节（Hawaii International Film Festival）：优秀电影奖；

※ 2000年，第24届加拿大蒙特利尔国际电影节（Montreal International Film Festival）：最佳女主角奖（巩俐）、艺术成就奖（巩俐）。

聋儿康复中心

在中国，几乎每个城市都有残疾儿童康复中心。其中的“聋儿康复中心”就是专门帮助有听力障碍的孩子开口说话的语言培训中心。中国有句老话叫“十聋九哑”，说的是先天性耳聋的孩子因为从小听不见，所以往往也不会说话。但随着助听器的发展和语言康复中心的普及，很多聋儿在3岁前佩戴助听器后去专业的聋儿康复中心训练学习讲话，可以开口说话。

大多数聋儿到了上小学的年龄后，可以去特殊教育学校中的聋哑人学校学习。不过，很多聋儿家长希望自己的孩子能够去普通学校跟听力正常的孩子在一起学习。他们认为，只有这样，孩子长大后才能够有正常人的生活。中国政府早在1994年就颁布了《关于开展残疾儿童少年随班就读工作的试行办法》，规定普通小学必须接受能适应那里学习生活的残疾儿童入学。不过，在实际操作中，聋儿申请普通学校的难度是非常大的。《漂亮妈妈》中的母子俩，就遇到了这样的问题。

第二课

Lesson Two

洗澡

Shower

《洗澡》故事简介

清水池澡堂的老板老刘的小儿子二明是个弱智者。一天，他给哥哥大明寄了一张明信片，大明误以为父亲去世了，忧心忡忡地从深圳赶回北京。回家后大明目睹了父亲和二明在一起的快乐生活，意识到自己忽略了亲情。感到内疚的大明，跟父亲、弟弟的关系渐渐比过去融洽了。就在这时，父亲在浴池中去世了。大明感到了自己的责任，他说，“我得把他带回去”，“弟弟得跟我在一起”。清水池澡堂马上要拆迁了，二明唱着他最喜爱的歌《我的太阳》，跟澡堂告别。

洗澡

Shower

A brief introduction of *Shower*

Old Liu , boss of bathhouse Qingshui Pond has two sons, the second one ErMing was a mentally retarded. One day he mailed a postcard to his elder brother DaMing. DaMing thought his father died and hurried back to Beijing from Shenzhen with great worry. When he came back seeing the happy life of his father and brother,realizing that he had neglected the familial affection between family members. Regreted, he adjusted his relationship with his father and brother. Then his father died while taking a bath in the bathhouse. He realized his responsibilities saying "I'll take him home." "My brother need to stay with me." The bathhouse is going to be pulled down, ErMing sang his favorite song My sunshine and said goodbye to the bathhouse.

一、看前提示：带着以下问题观看影片。

Pre-watching Instruction: Watching the movie with the following questions.

1. 大明为什么回家？他跟父亲的关系怎么样？

2. 父亲跟二明在一起生活得怎么样？

3. 清水池是怎样的一个澡堂？它最后的命运怎么样？

二、在回顾影片内容的基础上完成以下填空。

Fill the blanks with what you learnt in the movie.

1. 大明从＿＿＿＿＿＿回到北京的家中。清水池澡堂里很＿＿＿＿＿。

2. 二明寄给哥哥一张＿＿＿＿＿＿，大明误会了他的意思，以为爸爸＿＿＿＿＿＿。

3. 爸爸和二明每天在一起工作，晚上出去＿＿＿＿＿，生活得很快乐。

4. 早晨，大明洗淋浴的时候，爸爸为他烧＿＿＿＿＿。

5. 胖子一边淋浴一边______《我的太阳》。

6. 大明送给爸爸一台__________，他要买__________回深圳去了。

7. 二明________了，爸爸很生气地________大明。

8. 雨夜，大明帮助爸爸________屋顶。

9. 爸爸___________倒了，大明跟弟弟一起管理清水池澡堂。

10. 妈妈________时洗澡的故事。

11. 父子三人晚上出去跑步，爸爸跟________和解了。

12. 爸爸在浴池中________了。二明去了__________，但大明马上又把他接回家了。

13. 大明打电话告诉________：“爸爸去世了，弟弟______跟我在一起。”

14. 在二明的帮助下，胖子演出________了。

15. 清水池澡堂要拆迁，________大发脾气。

16. 二明跟________告别，唱着歌跟________告别。

三、给以下词语或短语标上声调并熟读。

Mark the tone on following words and phrases and practice reading.

1. 浴室 yushi

   澡堂 zaotang

   浴客 yuke

   泡澡 paozao

   淋浴 linyu

   按摩 anmo

   敲背 qiaobei

   搓澡（搓背） cuozao（cuobei）

   拔火罐 ba huoguan

   修脚 xiujiao

2. 理发 lifa

3. 生活节奏快　jiezou

4. 没有闲工夫　xian gongfu

5. 明信片　mingxinpian

6. 吓了我一跳　xia le wo yi tiao

7. 是我误会了　wuhui

赢了　ying

输了　shu

让她一回　rang

8. 耍赖　shualai

9. 居然给丢了　juran

10. 不在乎　bu zaihu

11. 丢了一个儿子，我认了　ren

12. 知足　zhizu

13. 操心的事越来越多了　caoxin

14. 那天说的是气话　qihua

15. 傻子　shazi

福利院　fuliyuan

16. 面对现实 miandui xianshi

17. 甚至 shenzhi

18. 对你嫂子隐瞒你的情况 yinman

四、词汇运用。
Use of words and phrases.

1. 在第三部分标上声调并熟读的词语和短语中，选择8-10个词语或短语讲述你生活中的一些事件。

Say something about your life experiences with 8-10 words or phrases listed in Part III.

2. 选择词语或短语填空。

Fill the blanks with the given words and phrases.

误会 居然 认了 输 赢 让 耍赖 知足
在乎 节奏 甚至 闲工夫 吓了我一跳 气话

（1）已经11月下旬了，街上很多人__________还穿着单衣，上海的天气怎么变得那么奇怪了。

（2）不知道母亲电话里说的是________，女儿担心得一夜睡不着觉，一早就坐火车回老家去看她了。

（3）这件事，领导______了，我也______，可是没想到你也不理解我，真让我太伤心了。

（4）上海的生活______太快，很多人没有_________去慢慢欣赏这个城市春夏秋冬四季景色的变化。

（5）从小时候起她就特别爱看书，______连洗澡时都把书搁在水龙头上看。

（6）每次游泳比赛都是我_____她_____，她从来不_____我。她很清楚地知道，我从来不______，我也不______输和赢，只要跟她在一起，我就_____了。

（7）半夜里，电话铃声突然响起来，_______________。

五、仿说。

Simulation.

1. 想一想，完成句子，并模仿画线部分说话。

Complete the following sentences and make a sentence with the underlined part.

例 1

这些老房子，一下雨，没几家不漏的。

想一想："没（有）……不……"这样的结构在表达上有什么作用？

Think about the function of the structure of "没（有）……不……"in expression.

完成句子：

Complete the sentences:

（1）喜欢　这部中国电影那么动人　一个留学生　没有　不　的

（2）工作到深夜了，想睡觉　人　没有　不　的

（3）贵　没有　不　旅游景点卖的东西　的

模仿说话：

Simulation:

例 2

老人们认为，搬了新房子后，连个澡堂都没有了，还有什么好玩的呢？

想一想：“连……都/也……”这样的结构，表达了什么样的意义？

Think about the meaning of the structure of “连……都/也……”.

完成句子：

Complete the sentences:

（1）为了演出　一天　休息　他们俩　连　都　没　过

（2）记得　虽然过了四十年　老师　学生叫什么名字　连　都

模仿说话：

Simulation:

----

2. 以下句子是在什么情况下出现的？设计语境，运用画线部分练习说话。

Think of the context under which the following sentences are spoken and say a few words with the underlined parts.

（1）他病了很久了，我却什么都不知道。

（2）（拆房子）说了好几年了，也不知是真是假。

（3）A：你打算怎么办？

B：走一步看一步吧。

（4）（他）得心理暗示。/ 他（指二明）得和我在一起。

（5）出嫁的前一天，一定要洗个澡才上路。

（6）他现在这个情形，最好离开这个环境。

（7）澡堂子里头，说说笑笑，多热闹啊！

（8）我是说气话，你甭往心里去。

（9）多少年了，头一回出这种事。

六、讲述与讨论。
Retelling and Discussion.

1. 讲述情节，发表感想。
Retell the related story and say a few words about what you think about it.

（1）大明收到一张明信片……

（2）夜里，下大雨了……

（3）大明正想给爸爸搓搓背，电话铃响了……

要求:

Requirements:

- 尽可能多地利用影片所提供的语言材料进行讲述。

  Speak with as much language materials provided in the movie as possible.

- 讲述时间不少于5分钟。

  Speak no less than 5 minutes.

2. 分组讨论第七部分的对白和独白，想一想其中包括了哪些意思？说明了什么问题？

Discuss on the dialogue and monologue in the Part VII. Think about their meanings and what problems are illustrated in them.

3. 用PPT介绍自己国家的洗澡文化。

Introduce the customs of taking a shower in your country with PPT.

七、有感情地朗读影片中的独白和对白。

Read aloud with feelings the following monologues and dialogues.

1. **老刘：** 你跟着我干什么？

大明： 您上哪儿去啊？

老刘： 上哪儿去？我找人！

大明： 那我跟您一块儿去找。

老刘： 用不着你，你走吧！你回你的深圳去吧！一个大活人，居然就给丢了。你既然看不住他，就别带他出来呀！你心里头就根本没有二明啊！你回来干什么啊？你回来到底干什么啊？

大明： 我回来看你和二明。

老刘： 你是看我是不是真死了！我知道，你看不起澡堂子，你看不起我，我不在乎。我搓了一辈子澡，我看那些老客人，我知足了！你要干大事，挣大钱，你，你，你去呀！我们俩过得好好的，你说你回来干什么？我，我丢了一个儿子，我认了！我不能都丢了，我！

2. **大明：** 那天没走成。我爸去世了。我父亲去世了。我也不知道，前几天还好好的。那天洗澡，我说给他搓搓背，这时候，正好你来电话了。就是咱们在说话的时候，他就过去了。真的没想到！在这之前，他还说什么时候带你回来见见面。就这一转眼的工夫，真的不能相信！其实他已经病得很久了，可我却什么都不知道……

八、影片背景介绍。
Background knowledge about the movie.

导演

张扬，男，1967年生， 擅长拍摄都市题材影片，导演风格写实。主要电影作品有：《爱情麻辣烫》、《洗澡》、《昨天》、《落叶归根》、《无人驾驶》、《飞越老人院》等。

主要演员

老刘扮演者：朱旭， 1930年生，北京人民艺术剧院著名表演艺术家，国家一级演员。电影代表作有《变脸》、《洗澡》、《刮痧》等，电视剧代表作有《末代皇帝》、《似水年华》等。

大明扮演者：濮存昕，1953年生，北京人民艺术剧院著名表演艺术家，国家一级演员。热心公益，2002年入选“感动中国十大人物”。电影代表作有《清凉寺的钟声》、《与往事干杯》、《洗澡》、《说好不分手》等。

二明扮演者：姜武，1969年生，中央实验话剧院演员，中国著名演员。电影代表作有《活着》、《葛老爷子》、《美丽新世界》、《我的唐朝兄弟》等。

英文名

Shower

上映时间

2001年

获奖情况

※ 2000年，第7届北京大学生电影节（Beijing Student Film Festival）：最受大学生欢迎的影片、最佳男演员奖（姜武）、最受大学生欢迎的男演员（濮

存昕）；

※ 2000年，第5届长春国际电影节（Changchun International Film Festival）：优秀华语故事片银鹿杯奖、最佳男配角奖（姜武）；

※ 2001年，第10届上海影评人奖：十佳影片奖；

※ 2002年，第21届香港电影金像奖（Hong Kong Film Awards）：最佳亚洲电影(提名)；

※ 2009年，“我心中的经典电影形象”评选：最经典时代个性奖（姜武）；

※ 1999年，第47届西班牙圣塞巴斯蒂安国际电影节(San Sebastian International Film Festival)：最佳导演奖（张扬）；

※ 1999年，第40届希腊塞萨洛尼基国际电影节（Diethnes Festival Kinimatografoy Thessalonikis）：最佳影片奖（金亚历山大奖）；

※ 1999年，第24届多伦多国际电影节（Toronto International Film Festival）：评委会大奖；

※ 1999年，国际影评人协会（International Federation of Film Critics）：费比西国际影评人奖（FIPRESCI Prizes）。

澡 堂

旧时的中国，受居住条件的限制，大多数人不在家里洗澡，而是去公共澡堂里泡澡。于是，就形成了有特色的中国的澡堂文化。早期，澡堂只招待男客人，后来也出现了女浴池，如果父母领着小孩去洗澡，还可以包一个单间。

传统公共澡堂，一般都有搓澡、敲背、按摩、修脚、理发、拔火罐、洗衣服、捏脚等服务。所有服务，包括茶叶等的消费，都用竹牌挂在收款台旁，顾客离开时，一起结账。

除了洗澡，澡堂还是人们重要的社交和娱乐场所。洗完澡，浴客们或坐或躺在躺箱上，聊天，议论时事，自得其乐。也有在澡堂里喝茶、下棋、斗蟋蟀、听收音机、看报纸、打瞌睡的。

电影《洗澡》的拍摄地双兴堂是北京老澡堂的代表，位于北京市丰台区，创建于1916年，目前是北京最后一家传统澡堂。双兴堂目前票价10元，还基本保留了传统的洗澡项目和流程。不过，像电影中一样，现实中的双兴堂也面临着被拆迁的命运。

第三课

Lesson Three

我的父亲母亲

The Road Home

《我的父亲母亲》故事简介

父亲去世了，生子匆匆赶回了老家。悲痛万分的母亲招娣唯一的想法是要按照古老的风俗把父亲从县医院抬回来。

四十多年前父亲骆长余来到三合屯小学当先生，招娣跟他在路上一见钟情。不幸先生被打成右派只能回到县城。招娣冒着风雪苦苦在路旁等待爱人，带病去县上找他，最后晕倒在半路上。为此先生不顾一切地跑回来看望她。

生子终于明白了母亲的心思：父母真诚相爱四十多年，母亲是想最后一次陪着父亲从这条路上走回来。生子决定想办法把父亲抬回来。父亲的学生100多人得知消息组成了浩浩荡荡的抬棺队伍，把父亲从县医院抬回了三合屯。

我的父亲母亲

The Road Home

A brief introduction of *The Road Home*

Shengzi hurried back home learning that his father died. The sorrowed mother Zhaodi only wished to take back the corpse of her husband according to the old customs.

More than forty years ago, Mother Zhaodi fell in love with Father Luo Changyu when he came to Sanhe Village primary school to be a teacher. Later on Luo was labeled as a rightist and was exiled to a town. Zhaodi waited in the chilly snow for him and fainted on the road side. And Luo tried his best to come back home at any cost.

Shengzi at last understood his mother's wish: Mother wanted to accompany father to come back home on the same road. Shengzi made up his mind to bring back his father's corpse for the true love between his father and mother. Hearing this , more than 100 students of his father jointed in the rally, carrying Father's corpse back to Sanhe Village.

一、看前提示：带着以下问题观看影片。
Pre-watching Instruction: Watching the movie with the following questions.

1. 母亲和父亲是怎样相互爱上的？

2. 母亲用哪些方式来表达自己对父亲的爱？

3. “抬棺”是怎样的一种风俗？母亲为什么坚持把父亲抬回来？

二、在回顾影片内容的基础上，判断以下句子正确与否。
Decide whether the following statements are true or false according to the movie.

1. 父亲家住在县上，他坐着马车来三合屯当老师。（ ）

2. 村里人都去看骆先生，招娣还特别回家换了衣裳去看他。（ ）

3. 三合屯的风俗：女人是可以参加盖房子、打井这样的大事的。（ ）

4. 给盖学校的男人们送公饭是村里女人的事，招娣每

天都做好饭送到工地上去，希望骆老师能吃到她做的饭。（ ）

5. 招娣喜欢去后井打水，去那儿路比较近。（ ）

6. 新学校的梁上要裹一块红布，由村里最漂亮的姑娘来织。（ ）

7. 招娣最喜欢听骆先生读书的声音，她听了四十年都没够。（ ）

8. 先生去招娣家吃派饭时，招娣准备了蘑菇馅饺子给他吃。（ ）

9. 招娣在路上摔了一跤，青花碗打碎了，饺子撒在地上，她哭了。（ ）

10. 腊月初八招娣冒着风雪在路上等先生回来。（ ）

11. 招娣病着还去县上，半路上她找到先生了。（ ）

12. 先生听到招娣生病的消息偷偷地赶到三合屯来，守了她半宿。（ ）

13. 父亲去世了，母亲坚持要把他抬回来。村长坚决不同意。（ ）

14. 抬棺那天来了100多人，听村长说都是骆先生的学生。（ ）

15. 骆先生被安葬在前井旁，在那儿可以看见学校。（ ）

三、给下列词语或短语标上声调并熟读。

Mark the tone on following words and phrases and practice reading.

1. 唯一念过大学的 weiyi
2. 现在最担心的是…… danxin
3. 安葬 anzang
4. 上岁数了 shang suishu le
5. 亲手织（做） qinshou
6. 起早睡晚，心都操碎了 xin dou cao sui le

7. 曾经轰动一时　hongdong yi shi

8. 吃派饭　chi paifan

9. 图个吉利　tu ge jili

10. 格外仔细　gewai zixi

11. 送公饭　song gongfan

12. 邪气　xieqi

13. 蘑菇馅蒸饺　zhengjiao

14. 免得后悔　miande houhui

15. 一路人　yi lu ren

16. 早出晚归　zao chu wan gui

17. 发夹　fajia

18. 补碗　bu wan

19. 留个好念想　nianxiang

20. 心思　xinsi

21. 新鲜事　xinxian shi

22. 右派　youpai

23. 捎个信　shao ge xin

24. 守了半宿　shou le ban xiu

25. 实在忍不住　ren bu zhu

26. 相识相爱　xiang shi xiang ai

27. 殷切、长久地等待　yinqie changjiu de dengdai

28. 人手不够　renshou bu gou

29. 积攒　jizan

四、词汇运用。
Use of words and phrases.

1.在第三部分标上声调并熟读的词语和短语中，选择8-10个词语或短语讲述你生活中的一些事件。

Say something about your life experiences with 8-10 words or phrases listed in Part III.

2.选择词语或短语填空。

Fill the blanks with the given words and phrases.

亲手　轰动　早出晚归　上岁数　心思　新鲜事
忍不住　殷切　积攒　心都操碎了　图

（1）孙丽英________地希望儿子郑大能进入普通小学学习，为了这个目标，她起早睡晚，______________。

（2）父亲______了，但还是跟年轻时一样，每天__________，孩子们只有在周末时才能见到他，跟他一起吃吃饭、聊聊天。

（3）这一年他打算边学习边打工，_______些钱，明年去中国留学。母亲知道了儿子的_______，就拿出一笔钱来支持他。

（4）在温暖的家里，吃着母亲_______做的饭菜，看见日思夜想的父母变得更苍老了，女儿心里非常激动，__________流下了眼泪。

（5）清晨，小镇上的老茶馆里特别热闹，老农们围坐在一张张的方桌边，一边喝着热茶，一边谈论着最近发生的________。

（6）这位著名的京剧女演员要回家乡来演出了，消息一传出，整个小城都________了。

（7）_____它便宜，奶奶买了这个手机，没想到才用了一个星期就坏了。

五、讲述与讨论。
Retelling and Discussion.

1.根据以下信息，谈谈姥姥是怎样一个人？

Talk about what kind of person the grandma is based on the following information.

（1）看先生就看先生呗，换啥衣裳？

（2）姥姥一心想给女儿找个好婆家。

（3）姥爷去世后，姥姥把眼睛都哭瞎了。

（4）让我摸摸，先生个头真高。喜欢（三合屯）吗？

还没成亲？还没提亲？

（5）别做（蘑菇馅蒸饺），免得后悔。

（6）你死了这条心。先生好是好，跟咱们不是一路人。

（7）补碗：使碗的人走了，把闺女的心也带走了。

把碗补好了，（给闺女）留个好念想。

（8）先生能不能回来？请人捎个信，回来看一眼也好啊。

（9）先生回来了！先生回来了！先生昨晚就回来了！一回来就上咱们家来了，在这儿守了你半宿。娣儿，这下可好了，先生回来了，他这是为你回来的啊！

2.三合屯有哪些独特的风俗习惯？

What are the special customs in Sanhe Village?

3.回看影片，选择以下任何一个思考题记录相关的信息，准备讲述。

Watch the movie again. Choose one of the topics and give a talk.

（1）招娣做饭，招娣织布。

（2）“抬回来”的故事。

（3）青花碗的故事。

要求：

Requirements:

- 尽可能多地运用影片所提供的语言材料。

  Speak with as much language materials provided in the movie as possible.

- 讲述时间不少于6分钟。

  Speak no less than 6 minutes.

4.谈谈你们国家的丧葬文化。

Introduce the customs ofburial in your country.

六、有感情地朗读影片中的独白和对白。

Read aloud with feelings the following monologues and dialogues.

1. 人生在世，要有志气。读书识字，多长见识。能写会算，是件好事。大事小情，提笔就记。知今知古，知天知地。春夏秋冬，一年四季。东西南北，四方天地。风霜雪雨，事事在意。长幼尊卑，敬重有序……

小时候听母亲说起过，父亲念书的声音特别好听。母亲不识字，有的课文她也听不懂。但她觉得父亲的声音是世界上最好听的声音。从这天开始母亲就天天去听。后来村里的人习惯了就没人再去听了。可母亲还是去听，她一听就听了40多年，这已经成了她生活中的一部分了。

2. 天黑前刚刚回来的父亲又被叫走了，因为他是偷着跑回来的。他是听说了母亲的情况后实在忍不住就私自跑回来了。由于父亲的这次行为，使他和母亲见面的日子又推迟了好几年。后来我听乡亲们说，当父亲真正和母亲相聚的那天到来时，母亲又特意穿上了那件父亲喜爱的红棉袄站在路边等父亲。从那天起，父亲就再没离开母亲一步。

3. 这就是父亲和母亲的故事。他们相识、相爱的过程都跟这条路有关。这是我们村通向县城的一条普通的山路，也许就是母亲曾那么殷切、那么长久地在这条路上等待过父亲，所以她还想陪着父亲从这条路上走回来。

4. 那天抬棺来了100多人，听村长说，他们都是父亲的学生。他们知道了这件事情，就都赶来了。有很多人都是从外地赶来的，也有从市里坐着小车来的。村长说，最远的有从广州赶来的。还有几个人被风雪误在了半路上，没有来得及。来的人大部分我不认识，有的人比我大得多，我不知道他们都是父亲哪一年的学生，也不知道该怎样称呼他们。村长说，反正都是骆先生的学生嘛。

七、在第六部分朗读的基础上，成段仿说。
Do a simulation on the basis of the reading in the Part VI.

1. 小时候听母亲说起过……
2. 那天（　　）来了（　　）多人，听（　　）说……

八、影片背景介绍。
Background knowledge about the movie.

导演

张艺谋，男，1950年生，中国著名电影导演。拍摄电影题材广泛，包括农村的、城市的、历史的、现实的、武侠的、战争的等。电影风格：善于营造唯美的画面，注重表现中国元素。主要电影作品有：《红高粱》、《菊豆》、《大红灯笼高高挂》、《秋菊打官司》、《活着》、《一个都不能少》、《我的父亲母亲》、《英雄》、《十面埋伏》、《满城尽带黄金甲》、《金陵十三钗》等。

主要演员

母亲招娣扮演者：章子怡，1979年生，中国著名电影演员， 2005年，入选中国电影表演艺术学会评选的“中国电影百年百位优秀演员”，同年入选《时代周刊》（*Time*）“影响世界的100人”。2010年，被亚洲电影博览会（Cine Asia）授予“近十年最杰出女演员奖”。电影代表作有《卧虎藏龙》、《十面埋伏》、《2046》、《艺伎回忆录》、《一代宗师》等。《我的父亲母亲》是她的成名作。

父亲扮演者：郑昊，中国煤矿文工团演员。电影代表作有《穿越丛林》、《天上掉下个林妹妹》、《一路惊心》等。电视剧代表作有《人子》等。

“我”扮演者：孙红雷，1970年生，中国著名电影演员。电影代表作有《周渔的火车》、《梅兰芳》、《三枪拍案惊奇》、《全民目击》 等。电视剧代表作有《像雾像雨又像风》、《半路夫妻》、《潜伏》等。

英文名

The Road Home

上映时间

1999年

获奖情况

※ 2000年，第20届中国电影金鸡奖（Golden Rooster Award）：最佳故事片奖、最佳导演奖（张艺谋）、最佳摄影奖（侯咏）、最佳美术奖（曹久平）；

※ 2000年，第23届大众电影百花奖（Hundred Flowers Award）：最佳故事片奖、最佳女演员奖（章子怡）；

※ 2000年，第6届中国电影华表奖（Huabiao Film Awards）：优秀故事片奖；

※ 2001年，第10届上海影评人奖：十佳影片奖；

※ 2000年，第50届德国柏林国际电影节（Berlin International Film Festival）：评委会特别奖银熊奖；

※ 2001年，第17届美国圣丹斯电影节（Sundance Film Festival）：全球电影奖；

※ 2001年，第6届香港电影金紫荆奖（Golden Bauhina Awards）：十大华语片；

※ 2001年，第19届伊朗曙光旬国际电影节（FAJR International Film Festival）：最佳影片奖。

影片的色彩与音乐

在人们的印象中，黑白色常用于电影的回忆部分，彩色代表的是现实。而在《我的父亲母亲》中，张艺谋大胆改变了这一习惯性思维，用黑白作为影片中现实部分的基调，而用彩色演绎爱情的回忆。

影片中像油画一样的自然风光拍摄于河北省丰宁县的坝上草原。那里远离城市，保留了近乎原生态的自然环境和人文环境。摄影师出身的张艺谋，非常善于使用色彩，在他的镜头下，弯曲的乡间小路、茂密的白桦林和无边的草原美得浓郁而纯粹，而活跃于其中的“母亲”是红色的：红棉袄、红围巾、红发卡、母亲织的红布……摄影师用镜头语言，完美地把偏远乡村秋冬两季单纯的美和少女天真生动的美结合在了一起：父亲在的秋天，穿着红色棉袄，围着大红围巾，扎着绿头绳的母亲奔跑在黄灿灿的草原上，在荒凉中增添了温情和希望；父亲不在的冬天，等待父亲的母亲穿着大红棉袄与茫茫白雪形成强烈的色彩对比，营造出了一种无助而又不放弃的氛围。

在影片中，不仅色彩的运用让人难忘，音乐的效果也为影片增色不少。影片中的音乐如同一首诗,主旋律凄美动人，烘托了整部影片单纯、唯美的爱情主题。而在影片高潮时出现的无歌词的女生哼唱，更让人动容、回味。

第四课

Lesson Four

和你在一起

Together

《和你在一起》故事简介

单身父亲刘成带着儿子刘小春从江南小镇去北京参加小提琴比赛。小春比赛成绩优异，刘成决定让儿子留在北京继续学习。因为都爱音乐，刘小春跟江老师的感情变得越来越好。刘成为了让儿子成功，恳求著名的余教授教儿子学琴，可刘小春却在这时卖掉了小提琴。在莉莉的帮助下，小春成了余教授特别关注的学生，住在余教授家准备参加国际比赛。为让儿子安心学习，比赛前夕，刘成打算一个人回老家去。小春知道了自己的身世，内心起伏，最后选择放弃比赛，奔向火车站，在父亲面前，拉出了精彩动人的感恩乐曲。

和你在一起

Together

A brief introduction of *Together*

Single father Liu Cheng from a small town in south China took his son Liu Xiaochun to participate in a violin contest in Beijing. Xiaochun did a good job in the contest, Liu Cheng decided that his son should stay in Beijing to continue his violin study. Both loving music , Xiaochun became very close to his teacher Jiang. To ensure his son's success, LiuCheng begged Prof. Yu, a well-known musician to tutor Xiaochun while Xiaochun sold out his violin. With the help of Lili, Xiaochun became the student that Prof. Yu paid special attention to and lived in Prof.Yu's home. LiuCheng decided to go back to his hometown before the contest so that Xiaochun could prepare for the contest without any distraction. When Xiaochun knew the story of his birth, he decided to give up the contest. When he arrived at the railway station, he played a melody of gratitude in front of his father.

一、看前提示：带着以下问题观看影片。
Pre-watching Instruction: Watching the movie with the following questions.

1. 刘小春喜欢拉小提琴吗？他为什么最后选择回老家？

2. 刘成为什么要给小春换老师？他为什么希望儿子成功？

3. 江老师是个什么样的老师？余教授是个什么样的老师？

二、在回顾影片内容的基础上，判断以下句子正确与否。
Decide whether the following statements are true or false according to the movie.

1. 刘成是北方人，他在南方生活，他的北方菜做得很好。（ ）
2. 刘小春两岁时，母亲死了，她希望儿子拉小提琴。（ ）
3. 刘小春三岁学琴，五岁参加比赛，年年获奖，在老家很有名。十三岁时有机会到北京参加比赛。（ ）
4. 刘小春在比赛中应该得第五名。（ ）
5. 刘成的红帽子里放着很多钱，在跟别人打架时丢了。（ ）
6. 江老师是少年宫的音乐老师，他一直没结婚。他觉得他有音乐就够了。（ ）

7. 刘小春慢慢地喜欢上江老师了，他不愿换老师。（ ）
8. 余教授是一位非常有名的教授，他很高兴他的学生演出成功了。（ ）
9. 余教授认为，音乐中有感情是最重要的。（ ）
10. 刘成请求余教授教儿子拉琴，余教授马上答应了。（ ）
11. 刘小春卖了琴给莉莉买了皮大衣，莉莉知道后很着急地去找余教授。（ ）
12. 刘小春的小提琴被余教授买走了，这个秘密没人知道。（ ）
13. 刘成打算小春比赛后他才回老家。（ ）
14. 余教授决定让小春去参加国际比赛，小春很高兴。（ ）
15. 刘小春出身的秘密是林雨告诉他的。（ ）
16. 刘小春不是刘成的亲生儿子，是刘成从火车站捡来的。（ ）
17. 刘小春不愿参加国际比赛，他要和爸爸在一起。（ ）

三、给以下词语或短语标上声调并熟读。

Mark the tone on following words and phrases and practice reading.

1. 憋不住了　bie

2. 他该得第一　gai

3. 助人为乐　zhu ren wei le

4. 犯大错　fan da cuo

5. 是喜欢上我了　xihuan shang

6. 无家可归　wu jia ke gui

7. 不是让你来伺候我的　cihou

8. 在猪圈拉琴　zhujuan

9. 身上的味比宠物的还难闻　chongwu

10. 从来不认错　rencuo

11. 真够土的　tu

12. 酷　ku

13. 恩师　enshi

14. 名声　mingsheng

15. 成功背后的危机　weiji

16. 从今往后我不收钱　cong jin wang hou

17. 出大事了　chu da shi le

18. 把他的前途毁了　qiantu hui le

19. 琴艺　qinyi

20. 命运　mingyun

21. 社会地位　shehui diwei

22. 乡巴佬　xiangbalao

23. 最大梦想　mengxiang

24. 感恩　gan'en

25. 色彩　secai

26. 帮你找到这种感觉　ganjue

27. 不得已的苦衷　kuzhong

28. 胡说　hushuo

四、熟读与音乐有关的词和短语。
Read the words and phrases related with music.

1. 拉琴/拉小提琴（你拉得非常好/拉一个曲子给我听听。）

   琴行（——琴卖哪儿了？——东单琴行。）

   练琴（从今天起留在我这儿练琴。）

   合练（合练非常成功。）

2. 曲子（听曲子）

   曲目（我给你选个曲目。）

   曲（柴可夫斯基《D大调小提琴协奏曲》）

3. 谱子（擦谱子）

识谱（你欺负我大老粗不识谱。）

4. 音乐 感情 征服 （音乐里没有感情你怎么征服别人啊？）

感觉（那种感觉非常好！/怎么帮你找到这种感觉呢？）

陶醉（táozuì）（听曲子时，非常陶醉。）

5. 演奏（yǎnzòu） 听众（你演奏时看不见你的听众。）

五、词汇运用。
Use of words and phrases.

1. 在第三部分标上声调并熟读的词语和短语中，选择8-10个词语或短语讲述你生活中的一些事件。

Say something about your life experiences with 8-10 words or phrases listed in Part III.

2. 选择词语或短语填空。

Fill the blanks with the given words and phrases.

该 无家可归 危机 动词+上 伺候 憋 从今往后

（1）这件事在我心里___了好几天了，我现在要把它说出来了。

（2）奶奶照顾家里人真的太辛苦了，周末的时候_____好好休息一下，家务事让我来做吧。

（3）刚从乡下来上海时，她__________，只能在医院里__________病人，夜里在病床旁边的躺椅上睡觉。

（4）受经济__________的影响，那家公司今年情况特别不好，也许明年要倒闭了。

（5）上视听说课以后，很多同学不知不觉迷__________了中国电影。

（6）不用解释了，__________我不会再相信你了。

六、仿说。
Simulation.

1. 想一想，完成句子，并模仿画线部分说话。

Complete the following sentences and make a sentence with the underlined part.

例1

这样的人我们见识得还少吗？

想一想：这类句式在形式和意义上有什么特点，在表达上起到了什么作用？

Think about what special features this kind of sentence structure have in form and meaning and what function they have in expression.

完成句子:
Complete the sentences:

（1）害怕　我们　这种困难　还会　么

（2）像话　你　十九个人等你一个人

模仿说话:
Simulation:

例 2

我把　个天才的前途给毁了。

想一想：这个“把”字句跟“我毁了一个天才的前途”在表达上有什么不同？

Think about the difference in expression between “把”construction and the sentence structure of “我毁了一个天才的前途”.

完成句子:
Complete the sentences:

（1）这个足球天才　那场车祸　把　给毁了

（2）这幢大楼　把　去年的一场大火　烧光了

模仿说话:
Simulation:

2. 体会以下句子所要表达的含义，请设计语境，模仿造句。

Think of a context in which the following sentences are used and make one sentence with the same structure.

（1）（你怎么）生这么大的气？

（2）有了（他）才有了（我）的一切。

（3）A：（喜欢）吗？

B：那还用说。

（4）这辈子没人对（我）这么好过。

（5）（你）还有脸（给我打电话）？

（6）他这辈子最大的梦想就是……

七、讲述与讨论。

Retelling and Discussion.

回看影片，围绕所感兴趣的一个问题记录信息，准备课堂讨论。

Watch the movie again, taking notes on one of the questions and get ready for in-class discussion.

1. 刘成为什么一定要小春成功？为了这个梦想他作了哪些努力？
2. 刘小春和江老师的关系开始怎么样，后来发生变化没有？
3. 谈谈余教授和他的学生。
4. 谈谈莉莉和小春的关系。

5. 谈谈两位小提琴老师。

要求:

Requirements:

◆ 学会为准备主题发言记录重要信息的方法。

Learn to take notes of important information for preparing a speech.

◆ 尽可能地利用影片中的语言和情节来说明自己的观点。

State your view with as much language materials and contents in the movie as possible.

◆ 发言时间不少于8分钟。

Speak no less than 8 minutes.

八、有感情地朗读影片中的独白和对白，并分角色表演。

Read the monologues and dialogues with feelings and play the respective role.

1. 演出完后，余教授在洗手间对他的学生唐龙说：

这是你今年第几次商业演出了？

是，观众鼓掌，热烈鼓掌。那不是你的音乐，是因为你的名声。我也成了你的演员，帮着你一块儿作秀。

你大了，我也不能像小时候那样骂你，也不能一脚把你踹出去。下一站是哪儿呢？

我是看到了你成功背后的危机。你要是想永远成功的话……

算了，不说了。说得太多了。我们走吧，别让记者等着。

2. 在江老师家，江老师和刘小春的对话：

刘： 报告江老师，我在你家床底下铁盆里找到两件棉毛衫。上面全都是破洞，颜色已经看不清了。

江： 都有什么啊，放在笼子里。法西斯啊！脏的衣服就给我搁在钢琴上！钢琴是搁脏衣服的地方吗？你爸付钱是让你跟我来学琴的，不是让你来伺候我、给我打扫房间的。来，拉琴。

刘： 我不高兴。你说啦，不高兴就可以不拉。

江： 你怎么就不高兴了？你说你把我的房间弄得乱七八糟的，东西哪儿哪儿我都不知道，我还没说什么呢。你说你不高兴？

刘： 我不高兴在一个猪圈里拉琴。自从我认识你，你没换过衣服。你就知道跟别人吵架。你身上的味儿比你的宠物还要难闻。

江： 我不养宠物。我的这些猫都是大街上捡回来的。要是没有人收养它们，它们就得饿死、冻死，知道吗？刘小春，你不要以为你怎么着了，你，也就是我带回来的一只猫，你知道吗？你跟它们的区别就在于你会拉几下琴，没什么了不起的。还我跟宠物的味儿一样。别抖，坐好了。

刘： 你从来不认错。你要不是那么骄傲，你的女同学也不会跟别人结婚。

江： 你给我出去。听见没有？好，好，你走，你一出这个门，就不是我的学生。

3. 在江老师家上最后一堂课时江老师说：

你拉得真好。刘小春，我们的课上完了。

当初我们第一次见面的时候，我说你成不了，说你成不了，不是因为你的琴艺，而是我担心命运可能不会眷顾（juàn gù）一个像你这样没有任何社会地位的乡下孩子。所以你父亲是对的。我可以教你拉琴，但是给不了你成功。往后，好好跟余老师学琴，他是个好老师。

把这钱交给你爸。下面有我的电话号码，有空给我打打电话。

4. 在排练厅余教授对林雨说：

都对，就是不好，你的音乐里没有感情。音乐里没有感情，就好像枪里没有弹药啊。你没有弹药你怎么激动别人，怎么征服别人啊。世界上唯一不能赠送的就是感情。技术我可以给你啊，感情得靠你自己。

九、影片背景介绍。
Background knowledge about the movie.

导演

陈凯歌，1952年生，中国著名电影导演。擅长用电影表达对文化的反思。主要电影作品有：《黄土地》、《孩子王》、《霸王别姬》、《风月》、《荆轲刺秦王》等。

主要演员

刘小春扮演者：唐韵，1988年生，4岁开始学习小提琴，14岁时在上海音乐学院附中被《和你在一起》剧组选中。现为中国著名青年小提琴演奏家。

父亲刘成扮演者：刘佩琦，1958年生，中国国家话剧院演员，国家一级演员。电影代表作有《离开雷锋的日子》、《五颗子弹》、《警察故事（2013）》等。电视剧代表作有《大宅门》、《古村女人》等。

江老师扮演者：王志文，1966年生，中国著名实力派演员。2001年获中国首届“双十佳优秀演员奖”，2003年荣获“中国电视金鹰20周年庆典突出成就奖”，2005年入选中国电影表演艺术学会评选的“中国电影百年百位优秀演员”，2009年入选人民网评选的“新中国成立六十周年人民喜爱的60位艺术家”。电影代表作有《芬妮的微笑》、《求求你，表扬我》、《手机》、《麦田》等。电视剧代表作有《皇城根儿》、《过把瘾》、《无悔追踪》等。

英文名

Together

上映时间

2002年

获奖情况

※ 2002年，第22届中国电影金鸡奖（Golden Rooster Award）：最佳导演奖（陈凯歌）、最佳男配角奖（王志文）、最佳剪辑奖（周影）；

※ 2003年，第26届大众电影百花奖（Hundred Flowers Award）：最佳男配角奖（王志文）；

※ 2003年，第9届中国电影华表奖（Huabiao Film

Awards）：优秀故事片三等奖、优秀男演员奖（刘佩琦）；

※ 2003年，第9届中国电影表演学会金凤凰奖（China Film Society of Performing Art Award）：表演学会奖（王志文）；

※ 2004年，第23届香港电影金像奖（Hong Kong Film Awards）：最佳亚洲电影提名；

※ 2002年，第50届西班牙圣塞巴斯蒂安国际电影节(San Sebastian International Film Festival)：最佳导演奖（陈凯歌）、最佳男主角奖（刘佩琦）。

影片的音乐

《和你在一起》用小提琴语言讲述了一个有关父子亲情的故事。影片中，不同的小提琴乐曲出现在不同的场景中，烘托着不同的情感。比如影片刚开始，刘小春拉着萨拉萨蒂（Sarasate）的《流浪者之歌》为产妇催产，赋予了影片浓郁的生活气息。小春和莉莉在火车站初次相遇和在小巷里再次邂逅时，背景音乐是马斯奈（Jules Massenet)的《冥想曲》一类柔和的乐曲，充分展现了小春对异性的朦胧爱恋。小春在江老师家学琴擦谱子时，多首协奏曲片段快速切换，在乐曲轻快激烈的旋律中，镜头也在为了儿子辛苦奔波的刘成、不断感悟着乐谱的小春和貌似无所谓地换着煤球削着苹果、实则用心培养小春的江老师之间不断切换，整个场景没有一句对白，完全依靠音乐语言，将刘成浓浓的父爱以及江老师和小春师生关系的升华表现得淋漓尽致。

除了用不同的乐曲推动着故事情节的发展以外，在影片中有些乐曲在不同的场景中重复演绎，也不断深化着影片的感情主题。比如布鲁赫（Max Christian Friedrich Bruch）的《苏格兰幻想曲》作为亲情、友情和默默奉献的象征，既出现在刘成在建筑工地上忙碌工作的场景中，也出现在刘成和莉莉为小春织毛衣时。李斯特（Franz Liszt）的《第三号慰藉曲》象征着对心灵的安抚和慰藉，当莉莉为男友过生日的一片痴心被忽视时，小春为她拉了《第三号慰藉曲》；在江老师给小春上的最后一堂课上，小春和江老师合奏的《第三号慰藉曲》既表达了小春对江老师的留恋，也阐释了江老师对音乐的深情。柴可夫斯基（Peter Lynch Tchaikovsky）的《D大调小提琴协奏曲》是一首具有感恩色彩的世界名曲，余教授将其选作小春的参赛曲目，但在余教授家，小春拉不出带有感恩意味的曲子，而在影片最后，小春在火车站为父亲饱含深情地演奏了这首曲子，将影片推向了高潮。

在这部电影中，小提琴音乐与剧情完美结合，影响着影片节奏，推动着情节发展。悠扬的琴声在充分渲染剧情的同时，也一步一步地深化着电影的主题。

第五课

Lesson Five

图雅的婚事

Tuya's Marriage

《图雅的婚事》故事简介

图雅一家四口生活在缺水的内蒙草原上，生活非常艰苦。她的丈夫巴特尔打井砸伤了腿，失去了劳动力，图雅自己的腰也受了伤。她无奈地接受了姑子和丈夫的建议，跟丈夫离婚。图雅漂亮能干人品好，很多人都来求婚，但都未成功，因为图雅的再婚条件是必须带着巴特尔一起生活。善良的邻居森格在图雅家门前打井，并表示愿意养活巴特尔，图雅跟他举行了婚礼。婚礼上森格和巴特尔借酒打了起来，帐篷外，儿子也为“有两个爸爸”在跟别人打架。新娘图雅躲起来独自流泪了。

图雅的婚事

Tuya's Marriage

A brief introduction of *Tuya's Marriage*

Tuya's family of four lived a hard life on the dry inner Mongolian plain. Her husband Bater's leg was injured in the digging of well and lost ability to work and later Tuya herself was injured in the back. She accepted the suggestions from her husband and sister-in-law and got divorced. Being a pretty capable and kind-hearted woman, she won many courtships. But none of them succeeded because Tuya's preposition of her remarriage is to take her ex-husband with her. Sengge, the kind neighbour digged a well in front of Tuya's house, and expressed his willingness to take care of Bater, Tuya married with him. But on the wedding ceremony, Sengge and Bater fought with each other under the effect of alcohol, while outside of the tent, her son was fighting with others for "having two fathers". Tuya, the bride wept alone at an unseen corner of the tent.

一、看前提示：带着以下问题观看影片。

Pre-watching Instruction: Watching the movie with the following questions.

1. 图雅为什么要离婚？

2. 图雅的再婚条件是什么？

3. 森格为什么要离婚？图雅为什么同意嫁给森格？

二、在回顾影片内容的基础上，判断以下句子正确与否。

Decide whether the following statements are true or false according to the movie

1. 图雅的家乡缺水，丈夫巴特尔打井砸伤了腿，残废了。（ ）

2. 图雅在放羊的时候，看到了醉倒在路上的邻居森格，把他带回了家。（ ）

3. 图雅受伤以后，医生说她还可以干重活。（ ）

4. 巴特尔的姐姐劝图雅离婚，让巴特尔跟她一起过。（ ）

5. 巴特尔的姐姐一个人养活六个孩子。（ ）

6. “苦命的图雅！”这句话是宝力尔说的。（ ）

7. 宝力尔在17年前就想向图雅求婚。（ ）

8. 宝力尔是开采石油的有钱人，他很爱自己的家乡。（ ）

9. 宝力尔把巴特尔安排在一家很好的福利院住，然后带着图雅和孩子走了。（ ）

10. 巴特尔不愿住福利院，他自杀了。（ ）

11. 一拨拨求婚者来找图雅，他们都是冲着图雅的美貌来的。（ ）

12. 森格的妻子带着卡车跟别人跑了。（ ）

13. 森格在图雅家门口打井，是为了向图雅求婚。（ ）

14. 森格打井打了一半，跟他的妻子走了，不回来了。（ ）

15. 图雅说：“反正谁要我就得要你。”这句话的意思是她得带着巴特尔跟别人结婚。（ ）

三、给以下词语或短语标上声调并熟读。

Mark the tone on following words and phrases and practice reading.

1. 打井砸伤了　za

2. 驮水　tuo

3. 打得鼻青眼肿　bi qing yan zhong

4. 相亲　xiangqin

5. 脑子进水了　naozi jin shui le

6. 骑马放牧　qima fangmu

7. 下肢瘫痪　xiazhi tanhuan

8. 残废　canfei

9. 苦命　kuming

10. 迷迷糊糊睡了三天　mi mi hu hu

11. 千里姻缘一线牵　qianli yinyuan yi xian qian

12. 冲着你人品来的　renpin

13. 说大话　shuo dahua

14. 吃石油饭的　chi shiyou fan de

15. 走遍天涯海角　tian ya hai jiao

16. 山珍海味　shan zhen hai wei

17. 粗茶淡饭　cu cha dan fan

18. 人情太冷漠了　renqing lengmo

19. 福利院　fuliyuan

20. 一口回绝　yi kou huijue

21. 冷冷清清　leng leng qing qing

22. 孤单　gudan

四、词汇运用。
Use of words and phrases.

1. 根据电影内容，运用词语或短语填空。
Fill the blanks with the words and phrases according to the movie.

（1）图雅的丈夫巴特尔________了腿，下肢________了。图雅一个人骑______放______、驮______，艰难地养活这______口之家。不久，她也受了伤，医生说她不能再干________，以后有可能________。在姑子（丈夫的姐姐）劝说、丈夫的要求和生活压力下她勉强同意____________。但她说：“谁跟我养活___________，我跟谁______。”图雅离婚的消息传开了，一拨拨的求婚者骑着______，或开着摩托车，或开着汽车来__________，他们都是冲着图雅的__________来的，但是都因为__________的原因，求婚不成。

（2）最后图雅跟她的邻居_______举行了_______。因为森格是一个善良真诚的人，为了图雅，他冒着生命________在她家门前________，他愿意让图雅带着_________跟他一起________。图雅的孩子也_________森格。

（3）图雅的老同学宝力尔是吃_______的，很有钱。他最初打油失败的时候，他的妻子跟他______了。当他打油成功后，他的妻子又想跟他_______，他______拒绝了。宝力尔觉得社会上人情______了。他爱家乡，他说走遍_______，尝遍

__________，还是家乡的____________好吃。宝力尔喜欢图雅，他想开口向图雅___________想了_____年。他希望跟图雅在一起_______。他把巴特尔安排在_________生活，图雅不能接受，最后图雅拒绝了他的____________。

2.选用以下词语或短语讲述生活事件:

Say something about your life experience with following words and phrases:

天涯海角　山珍海味　粗茶淡饭　人情冷漠
鼻青眼肿　说大话　一口（回绝 / 同意/答应）
冷冷清清　孤孤单单　迷迷糊糊

五、运用以下与婚姻有关的词语，谈谈你对婚姻的看法。

Say something about your view on marriage with words and phrases related with marriage.

相亲　求婚　订婚　结婚　婚礼　男婚女嫁
娶　嫁　离婚　复婚　千里姻缘一线牵

六、运用以下与蒙古族生活有关的信息，谈谈你所了解的蒙古族人。

Say something about what you know about Mongolians with the information related with Mongolian life.

马头琴　骑马放牧　骑骆驼　放羊　羊圈
牧民　喝奶茶　住土屋　住蒙古包
挂成吉思汗的画像　吃烤全羊　喝白酒
驮水　草原　沙漠　暴风雪　婚礼上唱歌
新郎新娘给客人斟酒

七、仿说。

Simulation.

1.想一想，完成句子，并模仿画线部分说话。

Complete the following sentences and make a sentence with the underlined part.

例1

<u>不管</u>怎么说，我<u>得</u>带着巴特尔。

想一想：这类句型表达的是一种什么样的语气？

Think about what tone this kind of sentence structure express.

完成句子:

Complete the sentences:

（1）不管……（都）得……　天气冷不冷，路远不远　我　亲自去一次才行

（2）不管……（都）得……　他　每天抽出时间　怎么忙　去　跑步

模仿说话:

Simulation:

例 2

反正谁要我就得要你。

想一想：“反正”这个词表达的是什么样的语气?

Think about what tone the phrase “反正” express.

完成句子:

Complete the sentences:

（1）反正　都很自然得体　她穿什么样子的衣服

（2）反正　去食堂　你要　帮我买个　包子　吧　就　顺便

模仿说话:
Simulation:

八、讲述与讨论。
Retelling and Discussion.

1.选择以下任何一题，准备讲述。
Choose one of the topics and talk about it.

（1）图雅是怎样的一个女人，她的婚事为什么很特别？想象一下，她未来的生活会怎样？

（2）森格是怎样的一个人？森格的决定你能够理解吗？

（3）宝力尔是怎样的一个人？你喜欢他吗？

要求:
Requirements:

◆ 尽可能地利用影片中的语言和情节来说明自己的观点。
State your view with as much language materials and contents in the movie as possible.

◆ 发言时间不得少于7分钟。
Speak no less than 7 minutes.

2.介绍一下自己国家特别的婚俗。

Introduce the special marriage customs in your country.

九、有感情地朗读影片中的独白和对白。

Read aloud with feelings the following monologues and dialogues.

1. **民政局干部：** 你们离婚是自愿的。家庭所有经济财产都解决了，是不是？既然这样，我们也不干涉，但是巴特尔是残疾人员，以后的生活抚养方面谁承担？

巴特尔姐姐： 巴特尔跟我过，两个娃跟图雅过。

图雅： 巴特尔也跟我过。

巴特尔姐姐： 图雅，你怎么回事？

图雅： 巴特尔跟我过。

民政局干部： 那你们还离婚干什么？

图雅： 找个男的跟我一起养活巴特尔。

民政局干部： 那个男人会同意吗？

图雅： 反正谁跟我养活巴特尔，我就嫁给谁。

2. **宝力尔：** 有一回，我陪一个当官的去澳门赌博，喔，也是谈石油的事。突然听到几声咱们蒙古的马头琴，把我亲的呀，我的眼泪一下子就下来了。真是走遍天涯海角，还是家乡亲，还是家乡的人好。吃遍了山珍海味，才知家乡的粗茶淡饭香啊。……你不知一个在外闯荡的男人，家乡对他意味着什么？

图雅：巴特尔大哥，我敬你们一杯。你们是我的青春偶像呀！咱们今天一醉方休，干一杯。外面的人情太冷漠了……

3. **宝力尔：**我这次是来向你求婚的。

图雅：屋里有奶茶，快去喝奶茶。

宝力尔：我一听你离婚的事，我一天也没耽搁就赶回来了。

图雅：酒到底醒了没有？

宝力尔：我根本没喝醉。为开这个口，我等了17年。你知道17年有多长吗？要不，你再想想，我等你回话。

十、影片背景介绍。
Background knowledge about the movie.

导演

王全安，1965年生，中国著名电影导演。拍摄题材多为处于社会底层的普通劳动人民，电影风格淳朴写实。主要电影作品有：《月蚀》、《惊蛰》、《图雅的婚事》、《纺织姑娘》、《团圆》、《白鹿原》等。

主要演员

图雅扮演者：余男，1976年生，中国著名电影演员。2010年，被第60届柏林国际电影节官方称为“中国文艺片女王”。电影代表作有《月蚀》、《惊蛰》、《图雅的婚事》、《双食记》、《纺织姑娘》、《无人区》、《全民目击》等。

巴特尔扮演者：巴特尔，拍摄地当地的蒙古族牧民，非职业演员。现实中的巴特尔在骑马时摔伤了腿，行动不便。同电影中相似的境遇，使得他能够自然地表现出剧中人物的特点。

森格扮演者：森格，拍摄地当地的蒙古族牧民、骑手，非职业演员。

英文名

Tuya's Marriage

上映时间

2007年

获奖情况

※ 2008年，第8届华语电影传媒大奖（Chinese Film Media Awards）：最佳影片奖、最佳女主角奖（余男）；

※ 2007年，第57届德国柏林国际电影节（Berlin

International Film Festival）：最佳影片金熊奖；

※ 2007年，第43届美国芝加哥国际电影节（Chicago International Film Festival）：评委会特别大奖、最佳女演员奖（余男）；

※ 2007年，第15届突尼斯迦太基国际电影节（Carthage International Film Festival）：评委会最佳大奖、最佳女演员奖（余男）。

“嫁夫养夫”

《图雅的婚事》讲述了一个蒙古族女子“嫁夫养夫”的故事。“嫁夫养夫”又称“招夫养夫”，这种婚俗习惯多起因于贫困以及男女比例失调，在中国不同地区的不同历史时期都曾有过记载，即使是在高度文明的现代社会也偶有耳闻。不过随着社会的进步，这一现象越来越少见。影片将故事背景安排在生存环境极其艰苦的荒漠中，为故事的发展提供了可能，也易于在道德层面获得观众的认可。

影片中辽阔无边的蒙古荒漠风光拍摄于内蒙古自治区西部的阿拉善左旗。在现实中，该地的草场因为过度的工业开发而严重沙漠化，绝大多数牧民已经搬离牧区。电影大部分的镜头取自最后一家还没有搬走的蒙古牧民家里，不过，电影拍完后，这房子也就消失了。

虽然影片为图雅的“嫁夫养夫”在生存环境上创造了存在的合理性，但这一做法毕竟无法规避人性的自私。“养夫”的困难解决了，但随之而来的一女二“夫”如何共同生活的困境就在眼前，因此在影片的最后，本应喜庆的婚礼充满了不和谐的哭声和打闹声。正如导演王全安所说：“电影体现的主要是图雅的努力和豪迈，但这并不能根本解决问题。人性是复杂的，‘嫁夫养夫’在道义上可取，但一旦产生爱情，就会非常矛盾。”

第六课
Lesson Six

一声叹息
Sign

《一声叹息》故事简介

电视剧作家梁亚洲跟妻子宋晓英是患难夫妻，他们有一个可爱的女儿，家庭生活非常幸福。梁亚洲跟大学毕业不久的年轻编辑李小丹热恋了，这使他的妻子非常痛苦，梁亚洲也深感内疚。为了爱女，他没有跟妻子离婚。李小丹也为自己爱上了一个有妇之夫而纠结。在梁亚洲跟李小丹同居期间，妻子为了给他装修书房而摔伤了，梁亚洲回到家中照顾妻子和女儿的日常生活，开始体会到了妻子的不易。李小丹来到他们的家中，目睹了他们平静和美的生活，独自离开了。

一声叹息

Sign

A brief introduction of *Sign*

TV serial playwright Liang Yazhou and his wife Song Xiaoying have a lovely daughter and lived a happy life. But Liang fell in love with Li Xiaodan , a newly-graduated young editor, which made his wife desperately sad. Liang felt guilty and did not divorce with her for their beloved daughter. Li Xiaodan was also very much entangled for falling in love with a married man. While Liang and Li cohabited, Liang's wife got injured when decorating the study. Liang returned home to take care of his wife and daughter and began to understand the difficulty of his wife. When Li Xiaodan visited their home one day witnessing their peaceful and harmonious family life, she chose to leave.

一、看前提示：带着以下问题观看影片。

Pre-watching Instruction: Watching the movie with the following questions.

1. 梁亚洲有没有跟妻子离婚？为什么？他对家庭和爱情的态度是什么？

2. 梁亚洲跟李小丹在一起生活幸福吗？

3. 李小丹到底想不想结婚？她对爱情的态度是什么？

4. 丈夫背叛了爱情和家庭，妻子宋晓英用了什么样的态度来面对这一切？

二、在回顾影片内容的基础上，判断以下句子正确与否。

Decide whether the following statements are true or false according to the movie.

1. 梁亚洲跟李小丹的婚外恋情是在三亚发生的。（ ）

2. 梁亚洲跟李小丹在一起时觉得时光倒流，自己还没结婚。（ ）

3. 宋晓英骂丈夫：良心被狗吃了。梁亚洲说自己是喜

新不厌旧。（ ）

4. 梁亚洲跟李小丹同居了，他觉得很幸福。（ ）

5. 李小丹愿意做第三者，她这辈子就不结婚了。（ ）

6. 李小丹的父母对梁亚洲和李小丹的关系非常满意。（ ）

7. 宋晓英18岁在部队时就跟梁亚洲谈恋爱了。（ ）

8. 宋晓英要给梁亚洲装修一个五星级的书房，为此她摔伤了腰。（ ）

9. 女儿月月很高兴妈妈受了伤，因为这样爸爸就回家来了。（ ）

10. 梁亚洲回到了家中照顾妻子和女儿的生活，他们的生活回到了从前。（ ）

三、给以下词语或短语标上声调并熟读。

Mark the tone on following words and phrases and practice reading.

1. 花钱大手大脚 da shou da jiao

2. 我对你一无所知　yi wu suo zhi

3. 其实是跑腿打杂的　paotui daza de

4. 你写的东西俗不可耐　su bu ke nai

5. 你别这样咄咄逼人　duo duo bi ren

6. 相信自己的直觉　zhijue

7. 不是东西　dongxi

8. 这两天，花钱跟流水似的　huaqian gen liushui si de

9. 既不真实又很沉醉的日子　ji bu zhenshi you hen chenzui de rizi

10. 以为时光倒流　shiguang dao liu

11. 良心受谴责　liangxin shou qianze

12. 特别寒心　tebie hanxin

13. 别再花言巧语骗我了　hua yan qiao yu

14. 良心给狗吃了　liangxin gei gou chi le

15. 有妇之夫　you fu zhi fu

16. 喜新厌旧　xi xin yan jiu

17. 两头不是人　liang tou bu shi ren

18. 有阅历的人　yueli

19. 乌七八糟的关系 wu qi ba zao

20. 有权有势 you quan you shi

21. 第三者 di san zhe

22. 承诺 chengnuo

23. 肺腑之言 fei fu zhi ya

24. 添乱 tianluan

25. 捣乱 daoluan

26. 贱货 jianhuo

27. 婚外恋 hun wai lian

28. 回到旧的轨道上 hui dao jiu de guidao shang

29. 日子过得风平浪静 feng ping lang jing

30. 同居 tongju

四、词汇运用。
Use of words and phrases.

1. 利用第三部分标上声调并熟读的词语和短语填空。
Fill the blanks with the list of words and phrases in the Part III.

（1）梁亚洲是个________之夫。他跟李小丹的__________使得他的妻子和女儿非常痛苦。跟李小丹一起住在香山宾馆的日子里，他感到是一生中__________又很__________的，觉得彷佛时光__________，自己还没结婚。

面对妻子和女儿，他的良心___________，他自己说良心__________。妻子受伤后，梁亚洲回到家里照顾妻子和女儿，生活又回到了_______上，他们家的日子过得_______
__________。

（2）宋晓英是个牙科大夫。她18岁在部队时就跟梁亚洲谈恋爱。她是个为丈夫和女儿、为家活着的女人，承担着照顾家庭的所有责任。根据女人的__________，她知道梁亚洲在骗她。发现了丈夫的________恋情以后，对于梁亚洲的_______________，特别________，梁亚洲甚至不认为她是自己的爱情对象。为了装修房子，给梁亚洲装修一个五星级___________，_________跟流水似的，她还亲自给新房子刷油漆。宋晓英摔伤了腰，梁亚洲回家照顾________
_____，笑容又重新回到了宋晓英的________。

（3）李小丹家不在北京，大学毕业后在刘大为的影视公司_____
______。从三亚回北京后，她爱上了有妇_____梁亚洲，并且跟他__________了。她一方面说她愿意做________，这辈子就不______了，另一方面又希望梁亚洲跟她结婚。得不到梁亚洲的结婚________，她感到________了。李小丹跟梁亚洲的________关系受到了________和老板的指责，她说，别人都认为她是个不_______的______。

2.运用8个四字格和短语讲述自己的生活事件：

Say something about your life experiences with 8-10 four-word-structure and other phrases:

大手大脚	一无所知	花言巧语	肺腑之言
俗不可耐	乌七八糟	花钱跟流水似的	
喜新厌旧	不是东西	有权有势	

六、仿说。

Simulation.

1.想一想，完成句子，并模仿画线部分说话。

Complete the following sentences and make a sentence with the underlined part.

例1

这是我一生中既不真实又很沉醉的日子。

想一想：这类表示属性并列存在的句型还有哪些？

Think about what are the other sentence structures that express the meaning of co-existence.

完成句子：

Complete the sentences:

（1）上海的冬天　寒冷　潮湿　既……又……

（2）便宜　好吃　食堂的点心　既……又……

模仿说话：

Simulation:

例 2

我以为我是在奔向新生活，实际上我是走上了一条绝路。

想一想：“我以为……实际上……”句子的前半部分与后半部分表示的意义是不是完全相反？

Think about whether the former part and the latter part express the totally different meaning in the sentence structure of “我以为…实际上…”.

完成句子:
Complete the sentences:

（1）我以为……实际上……　花费一个小时可到达机场
司机开了一个小时四十分钟

（2）我以为……实际上……　他离开上海了　他选择了
崇明岛上　住在

模仿说话:
Simulation:

2.模仿影片中的句子说话。
Speak imitating the sentences in the movie.

（1）两年来，梁亚洲在家人和情人之间扮演着两个不同的角色，他觉得自己到了崩溃的边缘。

（2）看到丈夫这样尽心尽力地照顾自己和女儿，笑容又回到了宋晓英的脸上。

七、讲述与讨论。
Retelling and Discussion.

根据影片内容，选择以下任何一题准备讨论。
Choose one of the following topics and discuss on it.

1. 梁亚洲是怎样一个人？你对他的婚外恋情有什么看法？
2. 宋晓英面对丈夫的婚外恋情，是怎么处理的？
3. 李小丹是一位怎样的女性？她的父亲是否赞成她对爱情的看法？
4. 电影名《一声叹息》表达了什么意义？

要求：
Requirements:

- 尽可能多地利用影片所提供的语言材料。
  Speak as much language materials provided in the movie as possible.
- 时间不少于8分钟。
  Speak no less than 8 minutes.

八、有感情地朗读影片中的独白和对白。
Read aloud with feelings the following monologues and dialogues.

1. **宋晓英：**你爱她，那你也爱我么？你躲不过去，我就想知道这个。

梁亚洲： 我对你和女儿是另外一种感情。晚上睡觉我摸着你的手，就像摸着我自己的手一样，没有感觉。可是要把你的手锯掉，也跟锯我的手一样疼。你们娘儿俩是我的亲人，她是我爱的人。都一样重，谁都代替不了谁。

2. 晓英的全部心思全都倾注在装修房子上：选料、监工，朝令夕改，一会儿一个主意，夜以继日地描绘着心中的蓝图。在美好的憧憬中大干快上，她是个为我和女儿，为家活着的女人，一不怕苦，二不怕死。

3. **梁亚洲：** 月月，爸爸的鞋呢？

月月： 爸爸，我好好学琴好好写字，就是为了让你喜欢我，要是你不要我跟妈妈了，我就什么也不学了。

梁亚洲： 爸要你们。爸没说不要你们。

女儿含泪的目光烙在我的心上，无论白天黑夜这双眼睛总是望着我，使我的全部勇气都化为乌有。我以为我是在奔向新生活，实际上我是走上了一条绝路。我无法拒绝女儿的要求，没有和妻子离婚。但我们分居了。

4. **刘大为：** 你们俩要是再吵，我就走了。起初我就不赞成你两个好，既然好了，就谁也别埋怨谁。咱们有问题解决问题，说那么多没用的干吗呀。

要不，你们俩就分开。快刀斩乱麻。李小丹，你又不是嫁不出去。梁亚洲，你也别里外不是人。踏踏实实回家过日子不比什么都简单哪？又分不开，谁见不到谁都不行，那就别闹了。腾出点精力来，踏踏实实挣点钱，比什么都强啊？梁亚洲，你就是跟人家晓英离婚，也得把人家晓英和孩子安排好了，给人家花点钱是应该的，她们娘俩要是过不好，小丹，你们俩也无幸福可言。梁亚洲，我太了解他了。

5. **李父：** 有些话，我们也想当着你的面说，你和我们小丹如果是认真地谈恋爱结婚，我们不反对。如果不是，而是那种乌七八糟的关系，我们绝不同意。我们不是那种有权有势的家庭，但是我们很注重道德规范。我们不想在女儿身上图些什么，我们就希望她能清清白白地做人。

梁亚洲： 我会对小丹好的。我们是认真的。

李小丹： 你们少管我的事。结什么婚哪，我就不结婚了。不就想说我是第三者吗，我就是，怎么啦？ 他人好，我愿意跟他在一起呆着，我不管他有家没有。这辈子我不结婚了。

李父： 不要脸，你。

十、影片背景介绍。
Background knowledge about the movie.

导演

冯小刚，1958年生，中国著名电影导演、编剧、演员。

作品风格以京味喜剧著称，擅长拍摄商业片，尤其是贺岁片。主要作品：电影《天下无贼》、《夜宴》、《集结号》、《非诚勿扰》、《唐山大地震》、《一九四二》、《私人订制》，电视剧《编辑部的故事》、《北京人在纽约》等。

主要演员

梁亚洲扮演者：张国立，1955年生，中国著名影视演员。国家一级演员、导演、制片人。2009年被评为“中国电视剧飞天奖突出贡献人物”，2011年获“中国电视剧产业二十年群英盛典突出贡献人物奖”。电视剧代表作有《宰相刘罗锅》、《康熙微服私访记》、《铁齿铜牙纪晓岚》、《五月槐花香》等。电影代表作有《顽主》、《一声叹息》、《手机》、《建国大业》、《一九四二》等。

李小丹扮演者：刘蓓，1967年生，中国著名影视演员。电视剧代表作有《编辑部的故事》、《过把瘾》、《红色康乃馨》、《下海》等。电影代表作有《两宫皇太后》、《甲方乙方》、《一声叹息》、《三笑之才子佳人》等。

宋晓英扮演者：徐帆，1967年生，中国著名影视演员。电视剧代表作有《青衣》、《最后的王爷》、《大国医》等。电影代表作有《不见不散》、《一声叹息》、《唐山大地震》、《一九四二》等。

英文名

Sigh

上映时间

2000年

获奖情况

※ 2000年，第24届埃及开罗国际电影节（Cairo International Film Festival）：最佳影片金字塔金奖、最佳编剧奖（王朔）、最佳男主角（张国立）、最佳女主角（徐帆）、表演鼓励奖（吴旭）。

贺岁片和“冯氏幽默”

贺岁片指的是在元旦、春节期间上映的电影，诞生于20世纪70年代末的香港。1997年，冯小刚导演的《甲方乙方》上映，是中国内地第一部真正意义上的贺岁片。此后，冯小刚先后拍摄了《不见不散》（1998）、《没完没了》（1999）、《大腕》（2001）、《手机》（2003）、《天下无贼》（2004）、《夜宴》

（2006）、《集结号》（2007）、《非诚勿扰》（2009）、《非诚勿扰2》（2010）、《1942》（2012）、《私人订制》（2014）等著名的贺岁电影，冯小刚也因此被称为“贺岁之王”、“华语贺岁片专业户”。

贺岁片的上映时间决定了其必须是喜庆的、热闹的。因此喜剧是贺岁片主要的呈现方式。典型的贺岁片大多将轻松的剧情和大量的当红明星结合在一起，目的就是让观众笑，而且是那种简单的、不假思索的笑。冯小刚的贺岁电影深谙此道——平民化的主人公、调侃和自嘲的语言风格以及峰回路转的情节布局成就了“冯氏幽默”，而“冯氏幽默”既是冯小刚贺岁片的标签，也是其贺岁片的票房保证。

《一声叹息》于2000年9月上映，实际上并不属贺岁片的范畴，但却以全国累计1800万元的票房远远超过了当年的贺岁片票房冠军。

附录一　课堂教学心得分享

◎使用本教材必须根据学生的语言水平及人数等实际情况作灵活安排。课堂上应努力吸引学生的注意力，基本保证所有学生都能得到参与。

大量地练习说是本课程的最大特点，教师的角色是身居幕后，努力把学生推到台前，在鼓励他们说的过程中，关注每个人的发言，并在必要时适当给予提示。

◎视听说课特别需要采用表扬和鼓励的方法进行教学，应杜绝打断学生口头表达，简单纠正错误的教学方法。每位学生发言时教师都应专心听讲以示尊重，发言后应在全班面前指出其表达中的闪光点或进步处。对于发言中出现的特别好的用词或句子，可写在黑板上，以资鼓励，同时也可为其他同学所借鉴。一句话，教师应调动一切手段刺激学生在课上的学习积极性，帮助他们建立越来越强的信心说好汉语。

学生发言中的偏误，及时记录在册是个不错的方法。纠正偏误，一般是在其发言后，或其他学生发言后，在课堂上统一指出，对事不对人。每隔一段时间，将这些偏误整理出来，让学生做修改病句的练习，并将完成的练习展示在黑板上，不仅指出如何修改，还要指出发生错误的原因。对于常见的共同性的偏误反复做修改病句的练习，通过这样的方法来复习和总结语法规律，一个学期做2-3次。由于病句出自学生的语言实践，比较鲜活，他们做此类练习时很有兴趣、很专心，反映特别好。

◎教学过程提示：

（1）每课开始，教师可简单介绍一下影片的背景。

（2）看前提示部分：观看前可由教师或汉语程度较高的学生朗读一遍，作为提醒。

影片以分段观看、分段回顾的形式进行教学为妥。根据课堂时间，在相对完整的情节处作停顿，发挥群体的优势，相互启发补遗，集体回顾影片的内容。

教师要根据此段内容设计问题，以利学生回答、回顾。

学生观看影片时，教师若能同步将影片中出现的关键词语或难解词语写在黑板上，注上拼音，这不仅对学生回顾内容有很好的提示作用，也为教师解答学生的疑虑提供了依据。

（3）教材中“在回顾内容的基础上完成以下填空”部分的练习概括了影片最主要的内容。这部分的练习通常由学生课后完成，课上集体检查正确与否。

（4）词汇短语表是本教材特色之一，以短语形式出现，按意义分类列出，不加中英文注释，让学生在特定的环境下领会意义。编者之所以把完成词语和短语表作为练习交给学生，是要求他们在教师的领读下，边读边标注声调，练习并检查自己汉语听的能力。

此部分也含有让学生选择运用词汇短语讲述自己的生活和社会事件的练习。教材之所以不是简单地用“造句”一词提出任务，目的是希望他们能开始注意练习长句表达、语段表达。通常把此作为课后作业，要求下一次课上在全班作口头交流。如果教师能利用课前或课间休息粗览一下他们所做的准备，并做简单的修改，发现其中做得较好的，让学生写到黑板上去，然后集体修改、教师点评，效果则更好。此部分练习可在分段回顾影片间隙做，也可在看完了第一遍影片后集中做。

（5）教材中的“仿说”部分的练习突出了汉语一些句式在表达方面的作用，要求学生领会，然后模仿说话。此部分的练习通常在词汇短语表完成后做。

（6）教材中“讲述与讨论”是极为重要的部分，每个学生必须完成。在向学生布置任务同时，要注意析题，倾听和解决学生的疑虑。要求他们扣住题目，再次观看影片做发言的准备。

这个练习让学生对影片进行再次的体味和消化，同时也是让他们提炼情节，重新组织语言的一个过程，独立思考的一个过程。他们要尽可能运用影片中的语言材料加上自己脑中库存来完成选定的题目。因此，应该支持他们课后写稿或写提纲做准备，课上尽可能少看稿或不看稿讲述或讨论。

建议学生养成做“随堂笔记”的习惯，记录信息，这对帮助他们完成任务是很有效的。通常我们在开学第一节课时就提出了这要求。

（7）教材中“朗读影片中的独白和对白”部分必须进行练习。朗读不仅是理解、积累语言的有效方法，也是学生加深理解和感知内容，提高语感行之有效的方法。视听说课要求学生朗读时尽可能模仿影片中的对白和独白，把其中的重音、节奏、语调，把其中的思想感情表达出来，这不仅能提高他们汉语发音的准确性，促进汉语的听力和口语能力，还能增强他们的汉语思维能力。不少学生因此得到启发，很自然地模仿独白和对白说话，成段表达。

附录二　学生作业选录

题型一：利用影片中的语言材料讲述自己的生活和社会事件（摘自学生课堂口头练习记录，曾稍作修改，尽量保持原样）

1. 现在人们的生活节奏越来越快，日程安排得又满又忙，原因是社会的要求比以前高多了，所以大家工作的时间或者学习的时间增加了很多，甚至吃饭睡觉也不受重视。这样做对身体健康带来了不好的影响，我们应该放松心情，让自己的节奏慢一点儿。（韩国学生　2013年）
2. 亚洲地区的学生学习时间太多了，特别是韩国的和中国的学生，从早到晚一直在学习，他们根本没有闲工夫。压力很大，效率也不会高。学习是学生的任务，但休息也是重要的呀。（韩国学生　2013年）
3. 现在我最担心的是我的爷爷，他上岁数了，身体不太好，但常常还要亲手结套马索。（哈萨克斯坦学生　2014年）
4. 我妈妈病了，我现在最担心的是有没有人照顾她。（伊朗学生　2010年）
5. 母亲现在最担心的是孩子在国外过得怎样。（印度尼西亚学生　2010年）
6. 不用去理会那些短信，都是骗人的，这样的事，我们见识得还少吗？（日本学生　2013年）
7. 我非常感谢老板的知遇之恩，有了他才有了我的一切。（韩国学生　2013年）
8. 有了他的帮助才有了我的一切，如果他不管我的话，我不知道会多困难。（日本学生　2013年）
9. 你说你不喜欢我了所以出走的，现在还有脸回来吃饭？（保加利亚学生　2013年）
10. 我们已经分手了，你自己说不再见面了，现在还有脸给我打电话？（俄罗斯学生　2013年）
11. 不用解释了，从今往后我再也不会相信你了。（斯洛文尼亚学生　2013年）
12. 都教了你好几次了，还是不会，真够笨的。（德国学生　2013年）

13. 这件衣服真够土的，我不想站在你旁边。（韩国学生 2013年）

14. 他是个足球天才，可这起交通事故把他给毁了。（韩国学生 2013年）

15. A:你怎么生这么大的气？

B:因为你吃了冰箱里最后一个冰激凌。

（韩国学生 2013年）

16. A:我很喜欢看京剧，你喜欢吗？

B:那还用说。

（俄罗斯学生 2013年）

17. 我只是实话实说，你怎么生这么大的气？（日本学生 2013年）

18. 在陌生的地方旅游，除了相信导游，我们别无选择。（老挝学生 2014年）

19. 人们常说，应该知足，不要贪心。这话有道理，但是我的想法跟他们不一样，我认为每个人都有自己的希望或梦想，如果这样的话，当然不能知足，要绝对不停地努力，天天一步一步前进。（韩国学生 2013年）

20. 母亲为我操心，我也明白母亲的心思，但我很难照她的心愿去做，因为我有自己的想法。（韩国学生 2011年）

21. 我们曾经殷切地等待北京奥运会，它的开幕式轰动一时，美极了。（泰国学生 2009年）

22. 为了美好的未来，他别无选择，只得把过去的不幸全都埋葬掉了。（叙利亚学生 2010年）

23. 我们每天早出晚归地工作，点子很多，就是人手不够，因为公司太小了。（日本学生 2011年）

24. 我认为，不是人手问题，而是意志问题。（印度尼西亚学生 2009年）

25.我常常想要做新鲜事，所以我的生活既不稳定又有点儿冒险。（韩国学生 2014年）

26.春天来了，花粉过敏让我眼睛痒得忍不住流眼泪，打喷嚏。（印度尼西亚学生 2009年）

27. 我觉得，妈妈做的菜是天底下最好吃的东西。（哥伦比亚学生 2009年）

28. 我妈妈舍不得我来中国，在机场她忍不住哭了半天。（哥伦比亚学生 2009年）

29. 我以前不明白母亲的心思，但是现在越来越理解她的想法了。（日本学生 2010年）

30. 如果你一辈子没犯过错误，那说明你什么也没做过。（印度尼西亚学生 2010年）

31. 不要缺课那么多，免得期末考试前后悔。（叙利亚学生 2010年）

32. 开车前不能喝酒，免得出事故。（哥伦比亚学生 2009年）

题型二：模仿影片中的独白或对白成段仿语（摘自学生的发言稿，曾稍作修改，尽可能保持原样）

1. 泰国泼水节那天来了100多人，听朋友说，他们都是在上海的泰国学生。他们知道了这件事情，就都赶来了。有很多人是从东华大学来的，也有不少人是从别的大学来的。朋友说，最远的有从别的城市赶来的。还有几个人因为交通拥挤误在了半路上，没有来得及。来的人我大多不认识，有的人比我大得多，我不知道他们是上海哪所大学的学生，也不知道怎么招呼他们，朋友说，反正大家都是泰国人嘛。（泰国学生 2013年）

2. 那天看足球比赛来了200多人，听我一个好朋友说，他们都是东华大学的师生。他们知道我们每星期都有足球比赛，就都来支持我们。有很多人是从留学生部来的，也有不少人是从松江校区来的。我朋友说，连一些教授也都赶来了。还有一些人因为堵车误在了半路上，可能要迟到了。来的人大部分我都不认识，其中最积极的是我的同班同学。（丹麦学生 2009年）

3. 这，就是我的丹麦同学的故事。他们在上海认真地学习的过程，以及有几个人跟同学相爱的过程都跟这间教室有关。这是东华大学通向世界的一间普通教室，也许就是因为丹麦同学曾那么长久地、充满着理想地在这间教室里学习过，所以，现

在他们希望从这间教室带更多美好的回忆回国去。（叙利亚学生　2011年）

题型三：为准备讲述和讨论所记录的信息
记录《我的父亲母亲》中关于母亲的信息（摘自学生随堂笔记，曾稍修改过，基本保持原样）

1. 抬回来是她唯一的想法
2. 亲手织块挡棺布　非得一定把它织完了。
3. 18岁
4. 最漂亮的姑娘织“红”
5. 心中有了父亲，格外仔细
6. 前井打水
7. 做好吃的公饭
8. 先生怎么吃公饭，端第一份
9. 听先生上课，声音是天底下最好听的
10. 放学路上
11. 去前井打水
12. 在门口
13. 吃派饭
14. 做蒸饺　送蒸饺
15. 找发卡
16. 看青花碗流泪
17. 打扫教室
18. 腊月十八一大早在路上等
19. 发烧病了，仍要去县上找他，晕倒在半路上
20. 穿红棉袄在路上等
21. 抬棺，风雪中陪父亲走回来

22. 给村长盖学校的钱

23. 在教室里

24. 安葬在前井旁

25. 有你爸在这儿，我哪儿都不去

（日本学生　2010年）

题型四：讲述与讨论

◎　宝力尔的故事（摘自讲述稿，未修改过）

宝力尔是图雅的中学同班同学，年轻的时候他就喜欢图雅，他曾送一瓶一毛五的汽水给图雅，巴特尔过来就把他打了个鼻青眼肿的。所以他的牙，现在还歪着一颗。

他现在是吃石油饭的。当他打第一口井时，没油，一百万没了，他的头发只剩下从前的一半了；打第二口井，没油，他欠了一屁股债；打第三口井，还是没油，他老婆二话没说，就跟他离婚了；他贷公款借私债，打到第四口井，还是没油，他就朝那个井架最上头爬，他刚要想往下跳，那天的天很蓝，他一分神，突然天色大变，一阵乌云从地下呼啦啦而起，他低头一看，原来是他的井往外喷油了。他成功了。所以，他就总结出一个伴他终生的座右铭：你可以叫人杀死，但你不能自杀。他老婆走的时候，把家里所有的东西都拿光了，连一双碗筷都没给他剩下。后来井出油了，老婆跑来要跟他复婚，他一口回绝了。老婆现在自己开了一个小卖部，女儿跟老婆过，每月生活费他还是按月给他们出着。

有一次，他陪一个当官的到澳门去赌博，也是谈石油的事。突然，他听到几声蒙古的马头琴，好亲切，他的眼泪一下子就流下来了。他说，真是走遍天涯海角，还是家乡亲，家乡的人好，吃遍了山珍海味，才知家乡的粗茶淡饭香啊。外面的人情太冷漠了。

宝力尔一听说图雅离婚的事，一天也没耽搁就赶回来了，为了开口向图雅求婚，他都等了十七年了。宝力尔给巴特尔找了盟里最好的福利院，先让他去住住看，不满意他们再找。他打算让扎拉和宝娆上重点学校，学校的校长那儿他都已经打过招呼了。宝力尔自己现在住在一座大别墅中，他觉得冷冷清清的，孤单得很，他说图雅和孩子们搬进去以后，他们的家就热闹了。他说他以后好好挣钱，他们一起好好过日子。

在去宝力尔家的路上，宝力尔和图雅遇见了森格。当他们在酒店时，图雅仍然坚持要让巴特尔跟他们一起过，宝力尔觉得这是不可能的。夜里他接到了森格的电话，知道了巴特尔企图自杀的事，可他推说信号不好，听不清，就把电话挂了。第二天早上宝力尔对图雅说，昨天晚上他做了一件也许一辈子都要后悔的事。正在这时，森格赶来了，他把宝力尔狠狠地打了一顿，带着图雅和孩子开车去医院看巴特尔。

最后，宝力尔把抢救巴特尔的账都结了，然后送图雅全家和森格回他们的老家去了。

（日本学生　2009年）

◎　关于第三课“姥姥是怎样一个人”的讨论（摘自教师手记）

1. 姥姥是招娣的“篱笆”，她很爱女儿，她要把所有对女儿不利的事情挡在“篱笆”外面。她一心想给招娣找个好婆家，让女儿有个好丈夫，有一个新的“篱笆”，她就放心了。（韩国学生　2014年）
2. 姥姥一辈子只爱一个人，姥爷死了，她伤心地哭，把眼睛都哭瞎了。她怕女儿失望，所以说，你死了这条心吧。但她看女儿做饺子，等先生，她明白了招娣的心思，所以她给女儿补碗，招娣因为先生生病时，她请人帮忙捎个信让先生回来一次。她很爱女儿。（泰国学生　2014年）
3. 姥姥上岁数了，很有生活经验，他对招娣说：“先生好是好，跟我们不是一路人。”“你就死了这条心吧”。她不是反对女儿爱上一个人，而是提醒她。因为她知道人在恋爱的时候常常是瞎子，有时会做出疯狂的事情。（哈萨克斯坦学生　2014年）

附录三　习题参考答案

第一课《漂亮妈妈》

二、在回顾影片内容的基础上完成以下填空。

1. 聋儿　离婚
2. 说话不清楚　聋儿康复中心
3. 没有工商局的执照
4. 有多一点时间教儿子说话
5. 跟别的孩子打架　5000
6. 美术老师　画画
7. 一样　助听器
8. 不一样　一样

五、词汇运用：选择词语或短语填空。

1. 程度
2. 愁眉苦脸
3. 辞职
4. 孤儿寡母
5. 天上不会掉馅饼
6. 沉
7. 心里面有点障碍

六、仿说：想一想，完成句子，并模仿画线部分说话。

例1画线部分的提示："一个字一个字"为数量词组的重叠，表示"～接着～"地，在句子中做状语，描写动作的方式或表示量多。例如：妈妈一遍一遍地提醒我，就怕我忘了这事。数量词组重叠也可以做定语，表示多，重在描写。例如：一盘一盘的家乡菜放在桌上，他觉得自己好像又回到了故乡。

完成句子：

（1）老师一个句子一个句子地修改学生的文章 。

（2）为了母亲的病，女儿一家店一家店地找药。

例2画线部分的提示：此主谓词组中“我不怕”成为句中的谓语，用以说明主语“难点”，强调了对“难点”的态度。

完成句子：

（1）生活苦点妈妈不怕，就怕寂寞。

（2）牛奶价格贵点她不怕，就怕质量有问题。

第二课　洗澡

二、在回顾影片内容的基础上完成以下填空。

1. 深圳　热闹

2. 明信片　去世了（死了）

3. 跑步

4. 热水

5. 唱

6. 按摩器　飞机票

7. 迷路　批评

8. 修理

9. 病

10. 出嫁（结婚）

11. 大明

12. 去世　福利院

13. 妻子　得

14. 成功

15. 二明

16. 胖子　澡堂（清水池）

四、词汇运用。

2. 选择词语或短语填空。

（1）居然

（2）气话

（3）误会　认了

（4）节奏　闲工夫

（5）甚至

（6）输　赢　让　耍赖　在乎　知足

（7）吓了我一跳

五、仿说。

1. 想一想，完成句子，并模仿画线部分说话。

例1画线部分的提示：双重否定的方式表示肯定或加强肯定。

完成句子：

（1）这部中国电影那么动人，没有一个留学生不喜欢的。

（2）工作到深夜了，没有人不想睡觉的。

（3）旅游点买的东西，没有不贵的。

例2画线部分的提示：“连……都/也”的结构表示强调。

完成句子：

（1）为了演出，他们俩连一天都没休息过。

（2）虽然过了四十年，老师连学生叫什么名字都记得。

第三课 我的父亲母亲

二、在回顾影片内容的基础上，判断以下句子正确与否。

1.对 2.对 3.错 4.对 5.错 6.对 7.对 8.错

9.对 10.对 11.错 12.对 13.错 14.对 15.对

四、词汇运用。

2. 选择词语或短语填空。

（1）殷切 心都操碎了

（2）上岁数 早出晚归

（3）积攒 心思

（4）亲手 忍不住

（5）新鲜事

（6）轰动了

（7）图

第四课 和你在一起

二、在回顾影片内容的基础上，判断以下句子正确与否。

1.错 2.错 3.对 4.错 5.错 6.对 7.对 8.错 9.对

10.错 11.对 12.错 13.错 14.错 15.错 16.对 17.对

五、词汇运用。

2. 选择词语或短语填空。

（1）憋 （2）该 （3）无家可归 伺候 （4）危机

（5）上 （6）从今往后

六、仿说。

1. 想一想，完成句子，并模仿画线部分说话。

例1画线部分的提示：反问句，形式上否定而意义上肯定。

完成句子：

（1）这种困难我们还会害怕么？

（2）十九个人等你一个人，你像话吗？

例2画线部分的提示：把字句。强调了“一个天才的前途”。

完成句子：

（1）那场车祸把这个足球天才给毁了。

（2）去年的一场大火把这幢大楼烧光了。

第五课 图雅的婚事

二、在回顾影片内容的基础上，判断以下句子正确与否。

1.对　2.对　3.错　4.对　5.对　6.错　7.对　8.对　9.对

10.对　11.错　12.对　13.对　14.错　15.对

四、词汇运用。

1. 根据电影内容，运用词语或短语填空。（参考用，不限于一种）

（1）打井砸伤　瘫痪　马　羊　水　四　重活　残废　离婚

巴特尔　结婚　马　求婚　人品　巴特尔

（2）森格　婚礼　危险　打井　巴特尔　过　喜欢

（3）吃石油饭　离婚　复婚　一口　太冷漠　天涯海角

山珍海味　粗茶淡饭　求婚　十七　过　福利院　求婚

七、仿说。

2. 想一想，完成句子，并模仿画线部分说话。

例1画线部分的提示：表示在任何条件下结果都不会改变。

完成句子：

（1）不管天气冷不冷，路远不远，我得亲自去一次才行。

（2）不管他怎么忙，每天都抽出书简去跑步。

例2画线部分的提示：强调在任何情况下都不改变结论或结果。多用在主语前。表达语气强烈。

完成句子：

（1）反正她穿什么样子的衣服，都很 自然得体。

（2）反正你要去食堂，就顺便帮我买个包子吧。

第六课 一声叹息

二、在回顾影片内容的基础上，判断以下句子正确与否。

1.错 2.对 3.对 4.错 5.对 6.错 7.对 8.对

9.对 10.对

四、词汇运用

1. 利用第三部分标上声调并熟读的词语和短语填空。

（1）有妇 婚外恋情 既不真实又很沉醉 倒流 受谴责

被狗吃了 旧的轨道上 风平浪静

（2）直觉 婚外 喜新厌旧 寒心 书房 花钱

照顾妻子女儿 脸上

（3）打杂 之夫 同居 第三者 结婚 承诺 绝望

乌七八糟　父母　要脸　贱货

六、仿说。

1. 想一想，完成句子，并模仿画线部分说话。

例1画线部分的提示：这类表示属性并存的句型还有：不但……而且、不仅……而且，一方面……一方面等等。

完成句子：

（1）上海的冬天既寒冷又潮湿。

（2）食堂的点心既便宜又好吃。

例2画线部分的提示：用“以为”说明作出的判断不正确，不符合事实，用“实际上”来指出真相。

完成句子：

（1）我以为花费一个小时的时间可以到达机场，实际上司机开了一个小时四十分钟。

（2）我以为他离开上海了，实际上他选择了住在崇明岛上。